"流动的中国"丛书

LIUDONG DE ZHONGGUO CONGSHU

总策划　宁孜勤　卢海鸣

寰宇通衢

（明）佚名　编

杨正泰　点校

南京出版传媒集团

南京出版社

图书在版编目（CIP）数据

寰宇通衢 /（明）佚名编；杨正泰点校. -- 南京：
南京出版社，2019.8
（流动的中国）
ISBN 978-7-5533-2599-6

Ⅰ.①寰… Ⅱ.①佚… ②杨… Ⅲ.①交通运输史—
中国—明代 Ⅳ.①F512.9

中国版本图书馆CIP数据核字（2019）第135595号

丛 书 名：流动的中国
书　 名：寰宇通衢
作　 者：（明）佚名
点　 校：杨正泰
出版发行：南京出版传媒集团
　　　　　南 京 出 版 社
　　社址：南京市太平门街53号　　　　邮编：210016
　　网址：http://www.njcbs.cn　　　　电子信箱：njcbs1988@163.com
　　天猫1店：https://njcbcmjtts.tmall.com/　天猫2店：https://nanjingchubanshets.tmall.com/
　　联系电话：025-83283893、83283864（营销）　025-83112257（编务）

出 版 人：项晓宁
出 品 人：卢海鸣
责任编辑：徐　智
装帧设计：王　俊
责任印制：杨福彬

制　 版：南京新华丰制版有限公司
印　 刷：南京工大印务有限公司
开　 本：890毫米×1240毫米　　1/32
印　 张：3.25
字　 数：73千
版　 次：2019年8月第1版
印　 次：2019年8月第1次印刷
书　 号：ISBN 978-7-5533-2599-6
定　 价：28.00元

天猫1店　　　　天猫2店

总　序

　　人流、商品流、资金流、信息流,是现代社会经济活动的主形式、主渠道、主脉搏和主动力。而在明清时期,借助于各地陆路交通、自然河流和人工运河的便利,邮驿、漕运、盐运、各种贸易物资的运输,以及不同人群的往来,对封建王朝的政治统治、国防军事、经济命脉、社会稳定等,起到了十分重要的作用。"驿通四方""邮传万里",偌大的中国,仿佛在普遍的"流动"中维系着社会经济的稳定与前行。

　　回顾历史,在自给自足为主的农业社会里,大多数百姓并不能随意流动,商人往往成为商业流动和社会流动中最活跃的因子。为了便于外出经商活动,明清时期一些走南闯北的商人在注意收集各地程图路引的同时,还通过各种渠道广泛了解当地的风土人情,这些内容构成了日后他们所编纂的商书的主体。从存世的明清商书中,我们能够窥见"流动的中国"的社会经济生态,获取破解封建社会经济发展的密钥。

　　"流动的中国"丛书,选取明清时期四种经典的商书,包括明代佚名编《寰宇通衢》、黄汴纂《一统路程图记》、程春宇辑《士商类要》以及清代吴中孚纂辑《商贾便览》。其中,《寰宇通衢》是记述明初驿站驿路的专书,《一统路程图记》是我国现存最早的商旅交通指南,《士商类要》是明代商书的代表作,《商贾便览》是清代商书的代表作,都具有很高的史料价值。为了更好地发挥丛书的作用,我们邀请致力于明清商书研究三十余年的杨正泰教授,通过整理点校的方式,将原先难得一见、不易阅读的古籍文献,打造成适于广大具有中等以上文化程度读者阅读的普及性读物。

为了尽量保持原书的面貌,除了必要的校注外,我们确定了如下整理原则:书中的通假字、异体字径改;可以确定的错漏字直接补上,无法臆补的用方框表示。为节省篇幅起见,丛书校注中的常用书名皆改用简称,如《明实录·太祖实录》作《太祖实录》,《明实录·太宗实录》作《太宗实录》,其他类推;《寰宇通志》作《寰宇志》;《读史方舆纪要》作《纪要》;《嘉庆重修一统志》作《清统志》;《古今图书集成》作《图书集成》;《一统路程图记》作《路程图记》;《天下路程图引》作《路程图引》;新安原版《士商类要》作《士商类要》;《新刻水陆路程便览》作《路程便览》,等等。

总之,我们希望这套丛书的出版,能为读者了解明清时期的山川地理、商业发展、社会经济、民间生活,描绘"流动的中国"意象提供帮助,同时也为专业人员研究明清交通史、商业史提供便利。

导　读

　　《寰宇通衢》明初刻本不分卷,内府藏本题一卷。佚名编,是记述明初驿路的官修地志。

　　《寰宇通衢》的编纂年代和成书经过,见于《明实录》卷二三四:"洪武二十七年(1394)九月庚申,修《寰宇通衢》书成。时,上以舆地之广,不可无书以纪之,乃命翰林儒臣及廷臣以天下道里之数,编类为书。"类似记载,还见于《四库全书总目提要》:"案黄虞稷《千顷堂书目》曰:《寰宇通衢》一卷,洪武二十七年书成。先是太祖以舆地之广,不可无书以纪之,乃命翰林儒臣以天下道里之数编类为书,其方隅之目有八,所言皆与此本合。"

　　《寰宇通衢》成书于洪武年间,然所记内容并不以洪武断限,书内数次出现"北京会同馆"字样。按北京会同馆设于永乐初,足见书成后,永乐初有所改动。又,贵州布政司设于永乐十一年(1413),本书所列十三布政司中,未列贵州布政司,由是推断改定的时间当在永乐十一年前。

　　本书内容,首述方舆的四至八到:"东距辽东都司,陆行为里三千九百四十四,马驿六十四;水陆兼行为里三千四十五,驿四十。又自辽东东北至三万卫,马驿四,为里三百六十。西极四川松潘,陆行为里五千五百六十,马驿九十二;水陆兼行为里八千三十,驿一百有四。又西南,距云南金齿,陆行为里六千四百四十四,马驿一百;水陆兼行为里八千三百七十五,驿一百一十三。南逾广东崖州,水陆兼行为里六千六百五十五,驿七十有八。又东南至福建漳州府,水陆兼行为里三千五百二十五,驿五十四。北暨北平大宁卫,为里三千六百一十四,马驿五十三;水陆兼行四千二百四十五,驿六十一。又西北至陕西甘肃,为里五千五十,马驿八十一;水陆兼行为里六千七百二十,驿九十六。"(《明实录》卷二三四)次述南京至十三布政司的水马驿站和行程道里:"驿路有浙江、福建、江西、广东之道各一:浙江水驿十三,为里九百四十八;福建水马驿四十一,为里二千八百四十五;江西水驿十五,为里一千五百二十;广东水马驿四十五,为里四千三百九十。河南、陕西、山东、山西、北平、湖广、广西、云南之道各二:河南水驿三十一,为里二千八百四十五;马驿二十二,为里千一百七十五。陕西水马驿五十一,为里四千一百;马驿四十二,为里二千四百三十。山东水马驿二十九,为里千九百一十五;马驿二十六,为里千四百八十四。山西水马驿五十,为里四千三十;马驿四十一,为里二千三百八十。北平水马驿四十七,为里三千四百四十五;马驿三十九,为里二千三百六十四。湖广水驿十八,为里一千七百三十;马驿二十六,为里一千五百三十五。广西水驿五十三,为里四千四百六十;水马驿六十四,为里四千二百六十五。云南水马驿九十六,为里七千二百;马驿八十三,为里五千二百七十五。四川之道三:水驿九十四,为里七千二百六十五;马驿八十二,为里四千七百九十五;水马驿七十,为里五千九百。"(《明实录》卷二三四)其所记驿路,仅限于十三布政司,而"四夷之驿不与焉"(《明实录》卷二三四)。与明代商人编纂的程图路引相比,《寰宇通衢》内容单一,除驿路外,不载其他道路,于驿站里距外,不记气候、物产、名胜和经商常识。其功用,似乎主要作为会同馆和布政司派驿的依据。

明成祖迁都北京后,驿路的布局已不同于洪武年间。洪武时,京师设在南京,会同馆也设在南京,驿路以南京为起点,通往各布政司。永乐后,以北京为京师,南京为陪都,二京并建,于是又在北京设会同馆,形成了以北京和南京为双中心的驿路系统。正统六年(1441),南北二馆定为常制,终明之世不变。在这种态势下,南直隶及某些省份的驿站变动很大,各地驿路的走向也有明显调整。记述明中叶以后驿路的文献较多,而现存记述明初驿路的专书唯《寰宇通衢》一种,珍贵之处不言而喻。点校出版《寰宇通衢》,不仅有助于读者了解明初驿路系统的分布状况,而且对研究有明一代的驿路变迁大有助益。

《寰宇通衢》点校本以《四库全书存目丛书》为底本。《四库全书存目丛书》是北京图书馆藏明初刻本的影印本。明初刻本有不少舛误和模糊不清之处,影印本难以辨认的地方更多,约占全书五分之一。这次整理,点校者尽了很大努力,付出艰辛劳动,利用现有研究成果,经过仔细比对和反复校勘,厘正了许多不易辨认之处,除少数章节和个别字句,使用此书已无太多滞碍。

众多迹象显示,入编资料系各布政司提供,全书由廷臣编纂。编纂体例不够严谨,前后行文风格不尽相同,各省格式也不一致。底本不分卷,无目录,有衍文,间有脱漏标题者。这次整理，为便于读者阅读和检索，统一了版式字体，双行夹注已改为单行小学，繁体汉字也已改为简体汉字，并增添了脱漏标题。凡改动处，皆加有注释说明。

从《寰宇通衢》书成到付梓的十余年中，明朝政局变化甚大，驿路布局变化很多，驿站置废迁移十分频繁。由于资料缺乏，难以断定各省路引的标准年代及驿站置废迁移的具体情形，加上该书记载驿路和驿站十分简单，记述行程里距常有统计数字错误：或前文所述总驿数，多于后文所列驿站的实际统计数；或前文所述总驿数，少于后文所列驿站的实际统计数；或前文驿路所述总里距，与后文各驿站里距相加的里距数不同，很难对行程里距一一考释。所以这次校勘的重点，在于地名和驿名，对有明显错误的行程里距，或出异同校，或作"按上下文意改"，不再做具体的计算说明。疏漏之处，恳请读者不吝指正。

杨正泰

2019 年 5 月于上海兴国路寓所

目 录

东至辽东都司_{其路有二}：

  马驿：六十四驿三千九百四十四里；

  水马驿：四十驿三千四十五里①。

西至松潘卫军民指挥司_{其路有二}：

  马驿：九十二驿五千五百六十里；

  水马驿：一百四驿八千三十里。

南至崖州

  水马驿：七十八驿六千六百五十五里。

北至大宁_{其路有二}：

  马驿：五十三驿三千六百一十四里；

  水马驿：六十一驿四千二百五十五里②。

东南至漳州府

  水马驿：五十驿三千五百二十五里③。

西北至甘肃_{其路有二}：

  马驿：八十一驿五千五十里；

  水马驿：九十六驿六千七百二十里。

东北至开原_{其路有二}：

  马驿：六十八驿四千三百四里；

  水马驿：四十四驿三千四百五里。

西南至金齿_{其路有二}：

  马驿：一百驿六千四百四十里；

  水马驿：一百一十三驿八千三百二十五里④。

---

① "三千四十五里"，底本脱"十五"二字，据《太祖实录》卷二三四补。

② "四千二百五十五里"，《太祖实录》卷二三四作"四千二百四十五"。

③ "五十驿"，《太祖实录》卷二三四作"五十四驿"。

④ "八千三百二十五里"，《太祖实录》卷二三四作"八千三百七十五"。

京城至各布政司并直隶府州

一至镇江府其路有二：

　　　一路水驿：二驿二百一十里；

　　　一路马驿：三驿一百九十里。

一至常州府

　　水驿：五驿四百一十里。

一至苏州府

　　水驿：七驿五百九十里。

一至松江府

　　水驿：十驿八百里。

一至扬州府

　　水驿：三驿二百二十里。

一至淮安府

　　水驿：八驿五百四十里。

一至凤阳府其路有二：

　　　一路水驿：十四驿一千三十五里；

　　　一路马驿：八驿三百七十里[①]。

一至徐州其路有二：

　　　一路水驿：十七驿一千一百里；

　　　一路马驿：十五驿七百五十里。

一至太平府其路有二：

　　　一路水驿：二驿一百五十里；

　　　一路马驿：二驿一百二十里。

一至和州其路有二：

----

① "八驿三百七十里"，底本作"九驿二百七十里"，据后文《京城至直隶各府州》改。

一路水驿:三驿二百四十里;

一路马驿:四驿一百八十五里。

一至庐州府 其路有二:

一路水驿:五驿五百一十里;

一路马驿:九驿四百九十五里。

一至池州府

水驿:六驿六百里。

一至安庆府

水驿:八驿七百四十里。

一至宁国府

水驿:四驿四百二十里。

一至徽州府

水驿:五驿七百二十里。

一至广德州

水驿:五驿六百里。

一至浙江布政司

水驿:十三驿九百四十八里。

一至福建布政司

水马驿:四十一驿二千八百四十五里。

一至江西布政司

水驿:十五驿一千五百二十里。

一至河南布政司 其路有二:

一路水驿:三十一驿二千八百四十五里;

一路马驿:二十二驿一千一百七十五里。

一至陕西布政司 其路有二:

一路水马驿:五十一驿四千一百里^①;

一路马驿:四十二驿二千四百三十里^②。

一至山西布政司_{其路有二}:

一路水马驿:五十驿四千三十里;

一路马驿:四十一驿二千三百八十里^③。

一至山东布政司_{其路有二}:

一路水马驿:二十九驿一千九百一十五里;

一路马驿:二十六驿一千四百八十四里。

一至北平布政司_{其路有二}:

一路水马驿:四十七驿三千四百四十五里;

一路马驿:三十九驿二千三百六十四里。

一至湖广布政司_{其路有二}:

一路水驿:十八驿一千七百三十里;

一路马驿:二十六驿一千五百三十五里。

一至广东布政司

水马驿:四十五驿四千三百九十里。

一至广西布政司_{其路有二}:

一路水驿:五十三驿四千四百六十里;

一路水马驿:六十四驿四千二百六十五里。

一至四川布政司_{其路有三}:

---

① "五十一驿",底本作"一十一驿",据后文《京城至陕西布政司并所属各府各卫》改。

② "四十二驿二千四百三十里",底本作"四十五驿一千四百三十里",据后文《京城至陕西布政司并所属各府各卫》改。

③ "四十一驿",底本作"二十二驿",据后文《京城至山西布政司并各府州卫》改。

一路水驿:九十四驿七千二百六十五里①；

一路马驿:八十二驿四千七百九十五里；

一路水马驿:七十驿五千九百五里。

一至辽东都司其路有二：

一路水马驿:四十驿三千四十五里；

一路马驿:六十四驿三千九百四十四里。

一至云南布政司其路有二：

一路水马驿:九十六驿七千二百里；

一路马驿:八十三驿五千二百七十五里。

京城至直隶各府州

一至镇江府其路有二：

一路水驿，二驿二百一十里②。

龙江驿九十里至龙潭驿，一百二十里至本府京口驿。

一路马驿，三驿一百九十里。

会同馆七十里至东阳驿，六十里至炭渚驿，六十里至京口驿。

一至常州府

水驿:五驿四百一十里。

龙江驿九十里至龙潭驿，一百二十里至京口驿，九十里至云阳驿，五十里至吕城驿，六十里至本府毗陵驿。

一至苏州府

水驿:七驿五百九十里。

---

① "七千二百六十五里"，底本作"七千一百六十五里"，据后文《京城至四川布政司并所属各府各卫》改。

② "二驿"，底本作"马驿"，据上下文意改。

龙江驿_{九十里至}**龙潭驿**,_{一百二十里至}**京口驿**,_{九十里至}**云阳驿**,_{五十里}_至**吕城驿**,_{六十里至}**毗陵驿**,_{九十里至}**锡山驿**,_{九十里至本府}**姑苏驿**。

一至松江府

水驿:十驿八百里。

龙江驿_{九十里至}**龙潭驿**,_{一百二十里至}**京口驿**,_{九十里至}**云阳驿**,_{五十里}_至**吕城驿**,_{六十里至}**毗陵驿**,_{九十里至}**锡山驿**,_{九十里至}**姑苏驿**,_{四十五里至}**松陵驿**,_{四十五里至}**平望驿**,_{一百二十里至本府}**云间驿**。

一至扬州府

水驿:三驿二百二十里。

龙江驿_{九十里至}**龙潭驿**,_{五十五里至}**仪真驿**,_{七十五里至本府}**广陵驿**。

一至淮安府

水驿:八驿五百四十里。

龙江驿_{九十里至}**龙潭驿**,_{五十五里至}**仪真驿**,_{七十五里至}**广陵驿**,_{四十五}_{里至}**邵伯驿**,_{六十五里至}**盂城驿**,_{六十里至}**界首驿**,_{六十里至}**安平驿**,_{九十里}_{至本府}**淮阴驿**①。

一至凤阳府_{其路有二:}

一路水驿,十四驿一千三十五里。

龙江驿_{九十里至}**龙潭驿**,_{五十五里至}**仪真驿**,_{七十五里至}**广陵驿**,_{四十五}_{里至}**邵伯驿**,_{六十五里至}**盂城驿**,_{六十里至}**界首驿**,_{六十里至}**安平驿**,_{九十里}_至**淮阴驿**,_{六十里至}**清口驿**,_{六十里至}**洪泽驿**,_{九十里至}**泗水驿**,_{七十五里至}**龙窝驿**,_{一百二十里至}**安淮驿**,_{九十里至本府}**濠梁驿**。

一路马驿,八驿三百七十里。

会同馆_{三十五里至}**江东驿**,_{一十五里至}**江淮驿**,_{三十五里至}**东葛城驿**②,

---

① "安平驿九十里至本府淮阴驿",底本作"本府淮阴驿安平驿九十里至",据《路程图记》卷五之一、《明代驿站考》明代驿路图南京驿路分布图乙正。

② "葛",底本作"省",据《寰宇志》卷八、《纪要》卷二〇改。

六十里至滁阳驿，六十里至大柳树驿，四十五里至池河驿，六十里至红心驿，六十里至本府濠梁驿。

一至徐州其路有二：

一路水驿，十七驿一千一百里。

龙江驿九十里至龙潭驿，五十五里至仪真驿，七十五里至广陵驿，四十五里至邵伯驿，六十五里至盂城驿，六十里至界首驿，六十里至安平驿，九十里至淮阴驿，六十里至清口驿，七十里至桃源驿，六十里至古城驿，六十里至钟吾驿，六十里至直河驿，六十里至下邳驿，六十里至新安驿，六十里至房村驿，七十里至本州彭城驿。

一路马驿，十五驿七百五十里①。

会同馆三十五里至江东驿，一十五里至江淮驿，三十五里至东葛城驿，六十里至滁阳驿，六十里至大柳树驿，四十五里至池河驿，六十里至红心驿，六十里至濠梁驿，六十里至王庄驿，五十五里至固镇驿，四十五里至大店驿，四十五里至睢阳驿，七十里至夹沟驿，五十里至桃山驿，五十五里至本州黄河东岸驿。

一至太平府其路有二：

一路水驿，二驿一百五十里。

龙江驿六十里至大胜驿，九十里至本府采石驿。

一路马驿，二驿一百二十里。

会同馆六十里至江宁镇驿②，六十里至采石驿。

一至和州其路有二：

一路水驿，三驿二百四十里。

龙江驿六十里至大胜驿，九十里至采石驿，九十里至本州雍家城驿。

一路马驿，四驿一百八十五里。

①"七百五十里"，底本作"八百五十里"，据上下文意改。
②"江宁镇驿"，《纪要》卷二〇作"江宁驿"。

会同馆六十里至江宁镇驿,六十里至采石驿,三十五里至当利驿,三十里至本州。

一至庐州府其路有二:

一路水驿,五驿五百一十里。

龙江驿六十里至大胜驿,九十里至采石驿,九十里至雍家城驿,九十里至镇巢驿,一百八十里至本府金斗驿。

一路马驿,九驿四百九十五里。

会同馆六十里至江宁镇驿,六十里至采石驿,三十五里至当利驿,六十里至祁门驿,六十里至界首驿,六十里至高井驿,六十里至西山驿,六十里至坡冈驿,四十里至本府。

一至池州府

水驿:六驿六百里。

龙江驿六十里至大胜驿,九十里至采石驿,一百二十里至橹港驿,一百二十里至荻港驿,一百三十里至大通驿,八十里至本府池口驿。

一至安庆府

水驿:八驿七百四十里。

龙江驿六十里至大胜驿,九十里至采石驿,一百二十里至橹港驿,一百二十里至荻港驿,一百三十里至大通驿,八十里至池口驿,六十里至李阳河驿,八十里至本府同安驿。

一至宁国府

水驿:四驿四百二十里^①。

龙江驿六十里至大胜驿,九十里至采石驿,一百八十里至水阳驿,九十里至本府宛陵驿。

一至徽州府

---

① "四百二十里",底本脱"二十里",据上下文意补。

水驿：五驿七百二十里。

龙江驿六十里至大胜驿，九十里至采石驿，一百八十里至水阳驿，九十里至宛陵驿，三百里至本府。

一至广德州

水驿：五驿六百里。

龙江驿六十里至大胜驿，九十里至采石驿，一百八十里至水阳驿，九十里至宛陵驿，一百八十里至本府。

京城至浙江布政司并属府①

一至本司

水驿：十三驿计九百四十八里。

龙江驿九十里至龙潭驿，一百二十里至京口驿，九十里至云阳驿，五十里至吕城驿，六十里至毗陵驿，九十里至锡山驿，九十里至姑苏驿，四十五里至松陵驿，四十五里至平望驿，六十里至西水驿，五十四里至皂林驿，五十四里至长安驿，一百里至本司杭州府武林驿。

一至绍兴府

水驿：十七驿计一千九十三里。

龙江驿至杭州府武林驿，十三驿九百四十八里②。武林驿十五里至浙江驿，三十里至西兴驿，五十里至钱清驿，五十里至本府蓬莱驿。

本司至本府一百四十五里。

一至宁波府

水驿：二十二驿计一千四百十三里。

①"京城至浙江布政司并属府"，底本脱，据前文《京城至各布政司并直隶府州》及下文内容补。

②"武林驿十三驿九百四十八里"，底本作"武林十三驿计九百四十八里"，据上下文意乙正。

龙江驿^①至绍兴府蓬莱驿,十七驿一千九十三里。蓬莱驿一百里至东关驿,一十里至曹娥驿,九十里至姚江驿,六十里至车厩驿,六十里至本府四明驿。

本司至本府四百六十五里。

一至台州府

水马驿二十八驿,计一千八百三十三里。

水驿:二十三驿一千五百三十三里;

马驿:五驿三百里。

龙江驿至宁波府四明驿,二十二驿一千四百十三里。四明水驿一百二十里至连山马驿,六十里至西店马驿,六十里至白峤马驿,六十里至桑州马驿,六十里至朱家奥马驿,六十里至本府赤城马驿。

本司至本府八百五十五里。

一至温州府

水马驿三十四驿,计二千一百九十三里。

水驿:二十五驿一千六百五十三里;

马驿:九驿五百四十里。

龙江驿至台州府赤城驿,二十八驿一千八百三十三里。赤城马驿六十里至丹崖马驿,六十五里至岭店马驿,五十五里至窑岙岭马驿,六十里至西皋水驿,六十里至馆头水驿,六十里至本府象浦水驿。

本司至本府一千二百四十里。

一至湖州府

水驿:十一驿□□□六里。

---

① "龙江驿",底本作"龙江"无"驿"字,按明应天府有"龙江关"、"龙江驿",皆可称"龙江"。《纪要》卷二:"龙江关,在仪凤门外。""龙江驿在金川门外十五里大江边。舟楫辐辏于此,为南北津要。"又云:"龙江水马驿在通江桥西。"此"龙江"当指龙江驿,而非龙江关,据补。以下径改。

龙江驿至苏州府平望驿，□□□百八十里。平望驿一百二十六里至本府苕溪驿^①。

本府至本司一百九十里。

一至严州府

水驿：十八驿计一千三百十三里。

龙江驿至杭州府浙江驿，十五驿九百六十三里。浙江驿一百二十里至会江驿，六百二十里至桐江驿，一百里至本府富春驿。

本司至本府二百五十里。

一至金华府

水驿：二十驿计一千四百六十八里。

龙江驿至严州府富春驿，十八驿一千三百十三里。富春驿一百里至潋水驿，五十五里至本府双溪驿。

本司至本府五百五里。

一至处州府

水马驿二十四驿，计一千七百四十八里。

水驿：二十一驿一千五百二十三里；

马驿：三驿二百二十五里。

龙江驿至金华府双溪驿，二十驿一千四百六十八里。双溪水驿五十五里至茭道马驿，五十五里至华溪马驿，八十里至丹峰马驿，九十里至本府括苍驿。

本司至本府七百八十五里。

一至衢州府

水马驿二十一驿，计一千五百九十三里。

水驿：二十驿一千五百二十三里；

___

① "本府苕溪驿"，底本脱"本府"，据本书体例及上下文意补。

马驿:一驿七十里。

龙江驿至金华府瀫水驿,十九驿一千四百一十三里。瀫水驿一百一十里至龙丘马驿,七十里至本府信安驿。

本司至本府六百八十五里。

一至嘉兴府

水驿:十驿计七百四十里。

龙江驿至苏州府姑苏驿,七驿五百九十里。姑苏驿四十五里至松陵驿,四十五里至平望驿,六十里至本府西水驿。

本府至本司二百□□里。

京城至福建布政司并属府

一至本司

水马驿四十一驿,计二千八百四十五里。

水驿:二十五驿一千九百五里;

马驿:十六驿九百四十里。

龙江水驿九十里至龙潭水驿,一百二十里至京口水驿,九十里至云阳水驿,五十里至吕城水驿,六十里至毗陵水驿,九十里至锡山水驿,九十里至姑苏水驿,四十五里至松陵水驿,四十五里至平望水驿,六十里至西水水驿,五十四里至皂林水驿,五十四里至长安水驿,九十七里至吴山水驿,二十里至浙江水驿,一百三十里至会江水驿,百□十里至桐江水驿,一百里至富春水驿,一百里至瀫水水驿,九十里至亭步水驿,七十里至上航埠头水驿,八十里至广济渡水驿,七十里至怀玉马驿,八十里至葛阳马驿,九十里至鹅湖马驿,六十里至车盘马驿,四十里至大安马驿,三十里至长平马驿,七十里至兴田马驿,三十里至建溪马驿,七十里至叶坊马驿,五十五里至城西马驿,四十里至太平马驿,四十里至大横马驿,四十里至剑浦马驿,六十里至茶洋马驿,九十里至黄田马驿,五十里至水口马驿,四十五里至小箬水驿,八十五里至白沙水驿,六十五里至芋原水驿,二十里至本司三山驿。

一至兴化府

水马驿四十五驿,计三千九十五里。

水驿:二十五驿一千九百五里;

马驿:二十驿一千一百九十里。

龙江驿至福州府三山驿,四十一驿二千八百四十五里。三山马驿一百里至大田马驿,四十五里至宏路马驿①,四十五里至蒜岭马驿,六十里至本府莆阳驿。

自本司至本府二百五十里。

一至泉州府

水马驿四十八驿,计三千二百五十五里。

水驿:二十五驿一千九百五里;

马驿:二十三驿一千三百五十里②。

龙江驿至兴化府莆阳驿,四十五驿三千九十五里。蒲阳马驿六十里至枫亭马驿,五十里至锦田马驿,五十里至本府晋安驿。

自本司至本府□百□□里。

一至漳州府

水马驿五十三驿,计三千五百二十五里。

水驿:二十五驿一千九百五里;

马驿:二十八驿一千六百二十里。

自龙江驿至泉州府晋安驿,四十八驿三千二百五十五里。晋安马驿五十里至康店马驿,七十里至大轮马驿,六十里至深青马驿,五十里至江东马驿,四十里至本府丹霞驿。

①“宏”,底本作“横”,据《寰宇志》卷四五、《明会典》卷一四五改。
②“一千三百五十里”,底本作“二千三百五十里”,据上下文意改。

自本司至本府□□八十里。

一至汀州府

水马驿四十四驿,计三千八十里。

水驿:二十二驿一千七百三十五里;

马驿:二十二驿一千三百四十五里。

龙江驿至延平府剑浦驿,三十四驿二千四百三十里。剑浦马驿六十里至王台马驿,六十里至双峰马驿,一百里至三华马驿,六十五里至白莲马驿,六十五里至明溪马驿,六十里至玉华马驿,四十里至九龙马驿,七十里至石牛马驿,六十里至馆前马驿,七十里至本府临汀驿。

自本司至本府一千六十里。

一至邵武府

水马驿三十九驿,计二千七百五十里。

水驿:二十二驿一千七百三十五里;

马驿:十七驿一千十五里。

龙江驿至延平府双峰驿,三十六驿二千五百五十里①。双峰马驿六十里至富屯马驿,六十里至拿口马驿,八十里至本府樵川驿。

自本司至本府六百三十五里。

一至建宁府

水马驿三十一驿,计二千三百十里。

水驿:二十二驿一千七百三十五里;

马驿:九驿五百七十五里。

龙江驿至浙江杭州府长安驿,十二驿八百四十四里。长安水驿九十里至吴山水驿,三十里至浙江水驿,一百三十里至会江水驿,一百二十里至桐江水驿,一百里至富春水驿,一百里至瀫水水驿,九十里至亭步水驿,

---

① "三十六驿",底本作"三十七驿",据上下文意改。

七十里至上杭埠头水驿，八十里至广济渡水驿，七十里至怀玉马驿，九十里至葛阳马驿，九十里至鹅湖马驿，六十里至车盘马驿，四十里至大安马驿，五十里至长平马驿，七十里至兴田马驿，五十里至建溪马驿，七十里至叶坊马驿，五十五里至本府城西驿。

自本府至本司五百三十五里。

一至延平府

水马驿三十四驿[①]，计二千四百三十里[②]。

水驿：二十二驿一千七百三十五里；

马驿：十二驿六百九十五里。

龙江驿至建宁府城西驿，三十一驿二千三百十里[③]。城西马驿四十里至太平马驿，四十里至大横马驿，四十里至本府剑浦驿。

自本府至本司四百二十五里。

京城至江西布政司并属府

一至本司

水驿十五驿，计一千五百二十里。

龙江驿六十里至大胜驿，九十里至采石驿，一百二十里至橹港驿，一百二十里至荻港驿，一百三十里至大通驿，八十里至池口驿，六十里至李阳河驿，八十里至同安驿，一百二十里至雷港驿，一百二十里至龙城驿，一百二十里至彭蠡驿，一百二十里至匡庐驿，一百二十里至吴城驿，一百二十里至樵舍驿，六十里至本司南昌府南浦驿。

一至九江府

---

① "三十四驿"，底本作"二十四驿"，据上下文意改。

② "二千四百三十里"，底本作"一千四百三十里"，据上下文意改。

③ "二千三百十里"，底本作"二千五百十里"，据上下文意改。

水驿十二驿,计一千一百六十里。

龙江驿至彭蠡驿,十一驿一千一百里。彭蠡驿六十里至本府浔阳驿。

自本府至本司四百八十里。

一至瑞州府

水驿十七驿,计一千七百四十里。

龙江驿至南昌府南浦驿,十五驿一千五百二十里。南浦驿八十里至市汊驿,一百四十里至本府瑞阳驿。

自本司至本府二百二十里。

一至饶州府

水驿十四驿,计一千五百八十里。

龙江驿至南康府匡庐驿,十二驿一千二百二十里。匡庐驿一百二十里至团山驿,二百四十里至本府芝山驿。

自本司至本府四百八十里。

一至广信府

水驿十七驿,计二千三百二十里①。

龙江驿至饶州府芝山驿,十四驿一千五百八十里。芝山驿五百里至紫云驿,一百二十里至芗溪驿,一百二十里至本府葛溪驿。

自本司至本府一千二十里。

一至抚州府

水驿二十驿,计二千二百六十里。

龙江驿至南昌府市汊驿,十六驿一千六百里。市汊驿八十里至武阳驿,二百四十里至清远驿,一百六十里至孔家渡驿,一百八十里至本府石门驿。

---

① "二千三百二十里",底本作"二千一百二十里",据上下文意改。

自本司至本府七百四十里。

一至建昌府

水驿二十一驿,计二千三百八十里。

龙江驿至抚州府石门驿,二十驿二千二百六十里。石门驿一百二十里至**本府盱江驿**。

自本司至本府八百六十里。

一至临江府

水驿十八驿,计一千七百九十里。

龙江驿至南昌府市汊驿,十六驿一千六百里。市汊驿七十里至剑江驿,一百二十里至**本府萧滩驿**。

自本司至本府二百五十里。

一至袁州府

水驿二十一驿,计二千六百三十里①。

龙江驿至临江府萧滩驿,十八驿一千七百九十里。萧滩驿二百四十里至**罗溪驿**,三百六十里至**安仁驿**,二百四十里至**本府秀江驿**。

自本司至本府五百七十里。

一至吉安府

水驿二十二驿,计二千一百一十里。

龙江驿至临江府萧滩驿,十八驿一千七百九十里。萧滩驿八十里至**金川驿**,八十里至**玉峡驿**,八十里至**白沙驿**,八十里至**本府螺川驿**。

自本司至本府五百九十里。

一至赣州府

水驿二十八驿,计二千八百一十里②。

龙江驿至吉安府螺川驿,二十二驿二千一百十里。螺川驿

---

① “二千六百三十里”,底本作“二千六百二十里”,据上下文意改。
② “二千八百一十里”,底本作“二千八百二十里”,据上下文意改。

一百二十里至**淘金驿**,一百六十里至**浩溪驿**,一百二十里至**五云驿**,八十里至**皂口驿**,一百里至**攸镇驿**,一百二十里至**本府水西驿**。

自本司至本府一千一百九十里。

一至南安府

水驿三十二驿,计三千二百一十里①。

龙江驿至赣州府**水西驿**,二十八驿二千八百十里。**水西驿**八十里至**九牛驿**,八十里至**南野驿**,一百二十里至**小溪驿**,一百二十里至**本府横浦驿**。

自本司至本府一千六百九十里。

一至南康府

水驿十二驿,计一千二百二十里。

龙江驿至安庆府**同安驿**,八驿七百四十里②。**同安驿**一百二十里至**雷港驿**,一百二十里至**龙城驿**,一百二十里至**彭蠡驿**,一百二十里至**本府匡庐驿**。

自本府至本司二百里。

京城至河南布政司并属府

一至本司西路

一路水驿三十一驿,计二千八百四十五里。

龙江驿九十里至**龙潭驿**,五十五里至**仪真驿**,七十五里至**广陵驿**,四十五里至**邵伯驿**,六十五里至**孟城驿**,六十里至**界首驿**,六十里至**安平驿**,九十里至**淮阴驿**,六十里至**清口驿**,六十里至**洪泽驿**,九十里至**泗水驿**,七十五里至**龙窝驿**,□□□里至□□驿,九十里至**濠梁驿**,一百二十里至□□驿,九十里

---

① "三千二百一十里",底本作"二千二百一十里",据上下文意改。
② "七百四十里",底本作"二百四十里",据上下文意改。

至□□驿，一百十里至□□驿，九十里至□□驿，九十里至□□驿，九十里至□□驿，九十里至□□驿，□□里至□□驿，□十里至□□驿，□□里至□□驿，七十里至□□驿，一百二十里至□□驿，□□二十里至□□驿，一百二十里至□□驿，一百二十里至□□驿，一百二十里至□□驿，二十五里至江家驿，□□□□□□驿，三十五里至武洛城，□□□□□□驿，六十里至□□驿，□□里至□□驿，□□里至□□驿，□□里至□□驿，□□□□□□驿，□□□□□□驿。雍丘驿六十里至莘城驿，五十里至本司开封府大梁驿。

一至河南府其路有二：

一路水马驿三十八驿，计三千二百八十五里。

水驿：龙江驿至开封府大梁驿，三十一驿二千八百四十五里；

马驿：大梁驿至本府周南驿，七驿四百四十里。

大梁驿七十里至圃田驿，七十里至管城驿，七十里至索亭驿，四十里至成皋驿，六十里至洛口驿，六十里至首阳驿，七十里至本府周南驿。

一路马驿二十九驿，一千六百一十五里。

会同馆至开封府大梁驿，二十二驿一千一百七十五里[①]。大梁驿至本府周南驿，七驿四百四十里。

本司至本府四百四十里。

一至怀庆府其路有二：

一路水马驿三十七驿，三千二百三十五里。

水驿：龙江驿至开封府大梁驿，三十一驿二千八百四十五里；

马驿：大梁驿至本府万善驿，六驿三百九十里。

大梁驿七十里至圃田驿，七十里至管城驿，七十里至广武驿，六十里至覃怀驿，六十里至武德驿，六十里至万善驿。

一路马驿二十八驿，计一千五百六十五里。

---

① "一千一百七十五里"，底本作"一千一百七十里"，据上下文意改。

会同馆至大梁驿,二十二驿一千一百七十五里。大梁驿至本府万善驿,六驿三百九十里。

自本司至本府三百七十里。

一至卫辉府_{其路有二}:

一路水马驿三十四驿,计三千二十五里。

水驿:龙江驿至开封府大梁驿,三十一驿二千八百四十五里;

马驿:大梁驿至本府河平驿,三驿一百八十里。

大梁驿_{五十里至}中滦驿,_{六十里至}廪延驿,_{七十里至}河平驿。

一路马驿二十五驿,计一千三百五十五里。

会同馆至开封府大梁驿,二十二驿一千一百七十五里。大梁驿至本府河平驿,三驿一百八十里。

本司至本府一百八十里。

一至彰德府_{其路有二}:

一路水马驿三十八驿,计三千二百七十五里。

水驿:龙江驿至开封府大梁驿,三十一驿二千八百四十五里;

马驿:大梁驿至本府釜阳驿,七驿四百三十里。

大梁驿_{五十里至}中滦驿,_{六十里至}廪延驿,_{七十里至}河平驿,_{五十里至}淇门驿①,_{六十里至}宜沟驿,_{七十里至}邺城驿,_{七十里至}釜阳驿。

一路马驿二十九驿,一千六百五里。

会同馆至开封府大梁驿,二十二驿一千一百七十五里。大梁驿至本府釜阳驿,七驿四百三十里。

自本司至本府四百三十里。

---

① "淇",底本作"祈",据《寰宇志》卷九〇、《清统志》卷二〇三改。

京城至陕西布政司并所属各府各卫

一至本司其路有二：

一路水马驿五十一驿，计四千一百里。

水驿：三十一驿二千八百四十五里。

龙江驿九十里至龙潭驿，五十五里至仪真驿，七十五里至广陵驿，四十五里至邵伯驿，六十五里至孟城驿，六十里至界首驿，六十里至安平驿，九十里至淮阴驿，六十里至清口驿，六十里至洪泽驿，九十里至泗水驿，七十五里至龙窝驿，一百二十里至安淮驿，九十里至濠梁驿，一百二十里至涂山驿，九十里至柳滩驿，一百三十里至寿春驿，九十里至新站驿，九十里至甘城驿，九十里至江口驿，九十里至□龙驿，一百里至颍川驿，九十里至柳河口驿①，一百里至和阳驿，一百里至界沟驿，七十里至武丘驿，一百五十里至宛丘驿，一百二十里至义安驿，一百二十里至崔桥驿，一百二十里至双沟驿，一百二十里至大梁驿。

马驿：二十驿一千二百五十五里。

大梁驿七十里至圃田驿，七十里至管城驿，七十里至索亭驿，四十里至成皋驿，六十里至洛口驿，六十里至首阳驿，七十里至周南驿，七十里至函关驿，五十里至义昌驿，四十里至蠡城驿，七十里至峡石驿，七十里至甘棠驿，六十里至桃林驿，七十里至鼎湖驿，七十里至潼关驿，四十里至潼津驿，七十里至华山驿，五十里至丰原驿，八十里至新丰驿，七十里至本司西安府京兆驿。

一路马驿四十二驿，计二千四百三十里②。

会同馆三十五里至江东驿，十五里至江淮驿，三十五里至东葛城驿，六十里至滁阳驿，六十里至大柳树驿，四十五里至池河驿，六十里至红心驿，

---

① "柳河口驿"，底本脱"口"，据正德《颍州志》卷二、《明会典》卷一四五补。
② "二千四百三十里"，底本作"三千四百三十里"，据上下文意改。

六十里至濠梁驿,六十里至王庄驿,五十五里至固镇驿,四十五里至大店驿,四十五里至睢阳驿,七十里至百善道驿,六十里至太丘驿,六十里至会亭驿,五十里至石榴固驿,六十里至商丘驿,六十里至宁城驿,六十里至葵丘驿,七十里至雍丘驿,六十里至莘城驿,五十里至大梁驿,七十里至圃田驿,七十里至管城驿,七十里至索亭驿,四十里至成皋驿,六十里至洛口驿,六十里至首阳驿,七十里至周南驿,七十里至函关驿,五十里至义昌驿,四十里至蠡城驿,七十里至硖石驿,七十里至甘棠驿,六十里至桃林驿,七十里至鼎湖驿,七十五里至潼关驿,四十里至潼津驿,七十里至华山驿,五十里至丰原驿,七十里至新丰驿,七十里至本司西安府京兆驿。

一至平凉府其路有二:

一路水马驿六十一驿,计四千八百一十里。

水驿:龙江驿至开封府大梁驿,三十一驿二千八百四十五里;

马驿:三十驿一千九百六十五里。

大梁驿至西安府京兆驿,二十驿一千二百五十五里。京兆驿至本府高平驿,十驿七百一十里。

京兆驿五十里至渭水驿,五十里至白渠驿,九十里至威胜驿,九十里至永安驿,□十里至新平驿,九十里至宜禄驿,六十里至瓦云驿,六十里至安定驿,八十里至白水驿,七十里至高平驿。

一路马驿五十二驿,计三千一百四十里。

会同馆至京兆驿,四十二驿二千四百三十里。京兆驿至本府高平驿,十驿七百一十里。

自本司至本府七百一十里。

一至巩昌府其路有二:

一路水马驿七十驿,计五千五百五里。

水驿:龙江驿至开封府大梁驿,三十一驿二千八百四十五里;

马驿:三十九驿二千六百六十里。

大梁驿至平凉府高平驿，三十驿一千九百六十五里。高平驿至本府通远驿^①，九驿六百九十五里。

高平驿_{九十里至}瓦亭驿，_{五十里至}隆城驿，_{九十里至}泾阳驿，_{九十里至}青家驿，_{七十里至}保宁驿，_{六十里至}西巩驿，_{六十里至}延寿驿，_{九十里至}通安驿，_{九十里至}通远驿。

一路马驿六十一驿，计三千八百三十五里。

会同馆至平凉府高平驿，五十二驿三千一百四十里。高平驿至本府通远驿，九驿六百九十五里。

本司至本府一千四百五里。

一至临洮府_{其路有二：}

一路水马驿七十二驿^②，计五千七百五里。

水驿：龙江驿至开封府大梁驿，三十一驿二千八百四十五里；

马驿：四十一驿二千八百六十里^③。

大梁驿至巩昌府通远驿，三十九驿二千六百六十里。通远驿至本府洮阳驿^④，二驿二百里。

通远驿_{九十里至}庆平驿，_{一百一十里至}洮阳驿。

一路马驿六十三驿，计四千三十五里。

会同馆至巩昌府通远驿，六十一驿三千八百三十五里。通远驿至本府洮阳驿，二驿二百里。

自本司至本府一千六百五里。

一至凤翔府_{其路有二：}

一路水马驿五十八驿，计四千四百四十里。

---

① "远"，底本作"达"，据《寰宇志》卷一○一、《明会典》卷一四六改。
② "七十二驿"，底本作"七十三驿"，据上下文意改。
③ "二千八百六十里"，底本作"三千八百六十里"，据上下文意改。
④ "洮"，底本作"姚"，据《寰宇志》卷九八、《纪要》卷六○改。

　　水驿:龙江驿至开封府大梁驿,三十一驿二千八百四十五里;

　　马驿:二十七驿一千五百九十五里。

　　大梁驿至西安府京兆驿,二十驿一千二百五十五里。京兆驿至本府岐阳驿,七驿三百四十里。

　　京兆驿<small>五十里至</small>渭水驿,<small>五十里至</small>白渠驿,<small>四十里至</small>长宁驿,<small>四十里至</small>鄩城驿,<small>五十里至</small>凤泉驿,<small>六十里至</small>岐州驿,<small>五十里至</small>岐阳驿。

　　一路马驿四十九驿,计二千七百七十里。

　　会同馆至西安府京兆驿,四十二驿二千四百三十里^①。京兆驿至本府岐阳驿,七驿三百四十里。

　　<small>自本司至本府三百四十里。</small>

一至汉中府<small>其路有二:</small>

　　一路水马驿六十八驿,计五千六十里。

　　水驿:龙江驿至开封府大梁驿,三十一驿二千八百四十五里;

　　马驿:三十七驿二千二百十五里。

　　大梁驿至凤翔府岐阳驿,二十七驿一千五百九十五里^②。岐阳驿至本府黄沙驿,六百二十里^③。

　　岐阳驿<small>八十里至</small>陈仓驿,<small>六十里至</small>东河桥驿,<small>六十里至</small>草凉楼驿^④,<small>六十里至</small>梁山驿,<small>六十里至</small>三岔驿,<small>六十里至</small>松林驿,<small>六十里至</small>安山驿,<small>六十里至</small>马道驿,<small>六十里至</small>开山驿^⑤,<small>六十里至</small>黄沙驿。

　　一路马驿五十九驿,计三千三百九十里。

---

① "二千四百三十里",底本作"二千四百二十里",据上下文意改。

② "一千五百九十五里",底本作"二千五百九十五里",据上下文意改。

③ "六百二十里",底本作"六百一十里",据上下文意改。

④ "草凉楼驿",底本作"草凉驿楼",据《寰宇志》卷九四、《纪要》卷五六乙正。

⑤ "开",底本作"关",据《寰宇志》卷九九、《清统志》卷二三八改。

会同馆至凤翔府岐阳驿,四十九驿二千七百七十里①。岐阳驿至本府黄沙驿,十驿六百二十里。

自本司至本府九百六十里。

一至延安府 其路有二:

一路水马驿六十驿②,计四千八百四十里。

水驿:龙江驿至开封府大梁驿,三十一驿二千八百四十五里;

马驿:二十九驿一千九百九十五里。

大梁驿至西安府京兆驿,二十驿一千二百五十五里。京兆驿至本府金明驿,九驿七百四十里。

京兆驿九十里至建中驿,九十里至顺义驿,七十里至漆水驿,九十里至云阳驿,七十里至翟道驿,七十五里至三川驿,六十五里至鄜城驿,九十五里至抚安驿,九十五里至金明驿。

一路马驿五十一驿,计三千一百七十里。

会同馆至京兆驿,四十二驿二千四百三十里。京兆驿至本府金明驿,九驿七百四十里。

本司至本府七百四十里。

一至庆阳府 其路有二:

一路水马驿六十驿③,计四千七百五十里。

水驿:龙江驿至开封府大梁驿,三十一驿二千八百四十五里;

马驿:二十九驿一千九百五里。

大梁驿至西安府京兆驿,二十驿一千二百五十五里④。京兆驿至本府弘化驿,九驿六百五十里。

---

① "二千七百七十里",底本作"三千七百七十里",据上下文意改。
② "六十驿",底本作"六十一驿",据上下文意改。
③ "水马驿",底本作"马水驿",据体例及上下文意乙正。
④ "一千二百五十五里",底本作"一千三百五十五里",据上下文意改。

京兆驿_{五十里至}渭水驿，五十里至白渠驿，九十里至威胜驿，九十里至永安驿，七十里至新平驿，七十里至政平驿，七十里至彭原驿，九十里至华池驿，七十里至弘化驿。

一路马驿五十一驿，计三千八十里。

会同馆至西安府京兆驿，四十二驿二千四百三十里。京兆驿至本府弘化驿，九驿六百五十里。

本司至本府六百五十里。

一至宁夏卫_{其路有二}：

一路水马驿六十九驿，计五千五百七十里。

水驿：龙江驿至开封府大梁驿，三十一驿二千八百四十五里；

马驿：三十八驿二千七百二十五里。

大梁驿至庆阳府弘化驿，二十九驿一千九百五里。弘化驿至本卫在城驿，九驿八百二十里。

弘化驿_{一百一十里至}曲子驿，九十里至灵武驿，九十里至清平驿，七十里至山城驿，七十里至萌城驿，九十里至小盐池驿，九十里至石沟儿驿，九十里至高桥驿，一百十里至本卫在城驿。

一路马驿六十驿，计三千九百里。

会同馆至庆阳府弘化驿，五十一驿三千八十里。弘化驿至本卫在城驿，九驿八百二十里。

本司至本卫一千四百七十里。

一至河州卫_{其路有二}：

一路水马驿七十四驿，计五千八百八十五里。

水驿：龙江驿至开封府大梁驿，三十一驿二千八百四十五里；

马驿：四十三驿三千四十里。

大梁驿至临洮府洮阳驿,四十一驿二千八百六十里^①。洮阳驿至本卫,二驿一百八十里。

洮阳驿一百二十里至和平驿,六十里至本卫凤林驿。

一路马驿六十五驿,计四千二百一十五里。

会同馆至临洮府洮阳驿,六十三驿四千三十五里。洮阳驿至本卫凤林驿,二驿一百八十里。

本司至本卫一千七百八十五里。

一至岷州卫其路有二:

一路水马驿七十三驿,五千七百五十五里。

水驿:龙江驿至开封府大梁驿,三十一驿二千八百四十五里;

马驿:四十二驿二千九百一十里。

大梁驿至巩昌府通远驿,三十九驿二千六百六十里。通远驿至本卫岷山驿,三驿二百五十里。

通远驿九十里至三岔驿,七十里至酒店子驿,九十里至本卫岷山驿。

一路马驿六十四驿,四千八十五里。

会同馆至巩昌府通远驿,六十一驿三千八百三十五里。通远驿至本卫岷山驿,三驿二百五十里。

本司至本卫一千六百五十五里。

一至洮州卫其路有二:

一路水马驿七十五驿^②,五千八百九十里。

水驿:龙江驿至开封府大梁驿,三十一驿二千八百四十五里;

马:四十四驿三千四十五里。

大梁驿至岷山驿,四十二驿二千九百一十里。岷山驿至本卫洮州驿,二驿一百三十五里。

①"四十一驿",底本作"四十二驿",据上下文意改。
②"七十五驿",底本作"七十驿",据上下文意改。

岷山驿<small>四十五里至</small>西津驿,<small>九十里至本卫</small>洮州驿。

一路马驿六十六驿,四千二百二十里。

会同馆至岷州卫岷山驿,六十四驿四千八十五里。岷山驿至本卫洮州驿,二驿一百三十五里。

本司至本卫一千七百九十里。

一至兰州卫<small>其路有二:</small>

一路水马驿七十四驿,五千六百七十五里。

水驿:龙江驿至开封府大梁驿,三十一驿二千八百四十五里;

马驿:四十三驿二千八百三十里。

大梁驿至巩昌府延寿驿,三十七驿二千四百八十里。延寿驿至本卫苦水湾驿,六驿三百五十里。

延寿驿<small>六十里至</small>秤钩驿,<small>六十里至</small>清水驿,<small>七十里至</small>定远驿,<small>五十里至</small>兰泉驿,<small>五十里至</small>沙井儿驿,<small>六十里至本卫</small>苦水湾驿。

一路马驿六十五驿,四千五里。

会同馆至巩昌府延寿驿,五十九驿三千六百五十五里。延寿驿至本卫苦水湾驿,六驿三百五十里^①。

本司至本卫一千五百九十五里。

一至庄浪卫<small>其路有二:</small>

一路水马驿七十七驿,计五千八百一十五里。

水驿:龙江驿至开封府大梁驿,三十一驿二千八百四十五里;

马驿:四十六驿二千九百七十里。

大梁驿至兰州卫苦水湾驿,四十三驿二千八百三十里。苦水湾驿至本卫在城驿,三驿一百四十里。

苦水湾驿<small>六十里至</small>红城子驿,<small>四十里至</small>大通山口驿,<small>四十里至本卫</small>在

---

① "三百五十里",底本作"三百三十里",据上下文意改。

城驿。

一路马驿六十八驿,计四千一百四十五里。

会同馆至兰州卫苦水湾驿,六十五驿。苦水湾驿至本卫在城驿,三驿一百四十里。

本司至本卫一千七百三十五里。

一至西宁卫其路有二:

一路水马驿八十二驿,计六千二百二十五里。

水驿:龙江驿至开封府大梁驿,三十一驿二千八百四十五里;

马驿:五十一驿三千三百八十里。

大梁驿至庄浪卫在城驿,四十六驿二千九百七十里。庄浪在城驿至本卫在城驿,五驿四百一十里。

庄浪在城驿一百六十里至大通河驿,六十里至老鸦城驿,五十里至碾伯驿,六十里至察罕送□□驿,八十里至西宁在城驿。

一路马驿七十三驿,计四千五百五十五里。

会同馆至庄浪在城驿,六十八驿四千一百四十五里。庄浪在城驿至西宁在城驿,五驿四百一十里。

自本司至本卫二千一百四十五里。

一至凉州卫其路有二:

一路水马驿八十五驿,计六千一百九十里。

水驿:龙江驿至开封府大梁驿,三十一驿二千八百四十五里;

马驿:五十四驿三千三百四十五里。

大梁驿至庄浪卫在城驿,四十六驿二千九百七十里。庄浪在城驿至本卫凉州驿,八驿三百七十五里。

庄浪在城驿四十里至阿都口驿,五十里至岔口驿,五十里至兴鲁克驿,四十五里至黑松驿,四十五里至古浪驿^①,六十五里至木速克驿,四十里至大河驿,四十里至凉州驿。

一路马驿七十六驿,计四千五百二十里^②。

会同馆至庄浪卫在城驿,六十八驿四千一百四十五里。庄浪在城驿至本卫凉州驿,八驿三百七十五里。

自本司至本卫二千一百一十里。

一至永昌卫其路有二:

一路水马驿九十驿,计六千四百二十里。

水驿:龙江驿至开封府大梁驿,三十一驿二千八百四十五里;

马驿:五十九驿三千五百七十五里。

大梁驿至凉州驿,五十四驿三千三百四十五里。凉州驿至本卫水泉儿驿,五驿二百三十里。

凉州驿四十里至土鲁干驿,四十里至□□驿,五十里至真景驿,五十里至水磨川驿,五十里至本卫水泉儿驿。

一路马驿八十一驿,计四千七百五十里。

会同馆至凉州驿,七十六驿四千五百二十里。凉州驿至本卫水泉儿驿,五驿二百三十里。

本司至本卫三千三百四十里。

一至山丹卫其路有二:

一路水马驿九十三驿,计六千五百九十里。

水驿:龙江驿至开封府大梁驿,三十一驿二千八百四十五里;

马驿:六十二驿三千七百四十五里^③。

---

① "古浪驿",底本"浪"下有"城"字,据《寰宇志》卷一〇一、《明会典》卷一四六删。
② "四千五百二十里",底本作"四千五百一十里",据上下文意改。
③ "三千七百四十五里",底本作"二千七百四十五里",据上下文意改。

大梁驿至永昌卫水泉儿驿,五十九驿三千五百七十五里。水泉儿驿至本卫山丹驿,三驿一百七十里①。

水泉儿驿七十里至石峡口驿,五十里至新河驿,五十里至山丹驿。

一路马驿八十四驿,计四千九百二十里。

会同馆至永昌卫水泉儿驿,八十一驿四千七百五十里。水泉儿驿至山丹驿,三驿一百七十里。

本司至本卫一千五百二十里。

一至甘肃卫其路有二:

一路水马驿九十六驿②,计六千七百二十里。

水驿:龙江驿至开封府大梁驿,三十一驿二千八百四十五里;

马驿:六十五驿三千八百七十五里。

大梁驿至山丹驿,六十二驿三千七百四十五里。山丹驿至甘州在城驿,三驿一百三十里。

山丹驿五十里至东乐驿,三十五里至古城驿,四十五里至甘州在城驿。

一路马驿八十七驿,计五千五十里。

会同馆至山丹驿,八十四驿四千九百二十里③。山丹驿至甘州在城驿,三驿一百三十里。

本司至本卫三千六百四十里。

京城至山西布政司并各府州卫

一至本司其路有二:

一路水马驿,计五十驿四千三十里。

---

① “一百七十里”,底本作“二百七十里”,据上下文意改。
② “九十六驿”,底本作“九十一驿”,据上下文意改。
③ “四千九百二十里”,底本作“四千九百三十里”,据上下文意改。

水驿：三十一驿二千八百四十五里①。

龙江驿九十里至龙潭驿，五十五里至仪真驿，七十五里至广陵驿，四十五里至邵伯驿，六十五里至孟城驿，六十里至界首驿，六十里至安平驿，九十里至淮阴驿，六十里至清口驿，六十里至洪泽驿，九十里至泗水驿，七十五里至龙窝驿，一百二十里至安淮驿，九十里至濠梁驿，一百二十里至涂山驿，九十里至柳滩驿，一百五十里至寿春驿，九十里至新站驿，九十里至甘城驿，九十里至江口驿，九十里至□□驿，一百里至颍川驿，九十里至柳河口驿，一百里至和阳驿，一百里至界沟驿，七十里至武丘驿，一百五十里至宛丘驿，一百二十里至义安驿，一百二十里至崔桥驿，一百二十里至双沟驿，一百二十里至大梁驿。

马驿：十九驿一千一百八十五里。

大梁驿七十里至圃田驿，七十里至管城驿，五十里至广武驿，六十里至覃怀驿，六十里至武德驿，六十里至万善驿，六十里至星轺驿，六十里至太行驿，六十里至乔村驿，六十里至长平驿，六十里至漳泽驿，七十里至余吾驿，六十里至襄亭驿，六十里至沁阳驿，七十里至权店驿，五十里至南关驿，五十五里至盘陀驿，七十里至同戈驿，八十里至临汾驿。

一路马驿，四十一驿二千三百八十里②。

会同馆三十五里至江东驿，十五里至江淮驿，二十五里至东葛城驿，六十里至滁阳驿，六十里至大柳树驿，四十五里至池河驿，六十里至红心驿，六十里至濠梁驿，六十里至王庄驿，五十五里至固镇驿，四十五里至大店驿，四十五里至睢阳驿，七十里至百善道驿，六十里至大丘驿，六十里至会宁驿，五十里至石榴固驿，六十里至商丘驿，六十里至宁城驿，六十里至葵丘驿，七十里至雍丘驿，六十里至莘城驿，五十里至大梁驿，七十里至圃田驿，七十里至管城驿，七十里至广武驿，六十里至覃怀驿，六十里至武德驿，六十里至

---

① "三十一驿"，底本作"二十一驿"，据上下文意改。

② "二千三百八十里"，底本作"二千二百八十里"，据上下文意改。

万善驿,六十里至星轺驿,六十里至太行驿,六十里至乔村驿,六十里至长平驿,六十里至漳泽驿,七十里至余吾驿,六十里至襆亭驿,六十里至沁阳驿,七十里至权店驿,五十里至南关驿,五十□里至盘陀驿,七十里至同戈驿,八十里至临汾驿。

一至泽州其路有二:

一路水马驿,三十九驿三千三百五十五里。

水驿:龙江驿至开封府大梁驿,三十一驿二千八百四十五里;

马驿:大梁驿至本州太行驿,八驿五百一十里。

一路马驿,会同馆至本州太行驿,三十驿一千六百八十五里。

本州至本司九百九十五里。

一至潞州其路有二:

一路水马驿,四十二驿三千五百三十五里。

水驿:龙江驿至开封府大梁驿,三十一驿二千八百四十五里;

马驿:大梁驿至本州漳泽驿,十一驿六百九十里。

一路马驿,会同馆至本州漳泽驿,三十三驿一千八百六十五里。

本州至本司八百一十五里。

一至沁州其路有二:

一路水马驿,四十五驿三千七百二十五里。

水驿:龙江驿至开封府大梁驿,三十一驿二千八百四十五里;

马驿:大梁驿至本州沁阳驿,十四驿八百八十里。

一路马驿,会同馆至本州沁阳驿,三十六驿二千五十五里。

本州至本司六百二十三里。

一至辽州其路有二:

一路水马驿,四十八驿三千九百四十五里。

水驿:龙江驿至开封府大梁驿,三十一驿二千八百四十五里;

马驿:大梁驿至本州,十七驿一千一百里。

一路马驿,会同馆至本州,三十九驿二千□□十五里。南关驿至本州^①。

本州至本司三百五里。

一至振武卫_{其路有二}:

一路水马驿,五十五驿四千三百六十里。

水驿:龙江驿至开封府大梁驿,三十一驿二千八百四十五里;

马驿:二十四驿一千五百一十五里^②。

大梁驿至临汾驿,二十驿一千一百八十五里。临汾驿至雁门驿,四驿三百三十里。

临汾驿_{八十里}至成晋驿,_{七十里}至九原驿,_{八十里}至原平驿,_{一百里}至雁门驿。

一路马驿,四十五驿二千七百一十里^③。

会同馆至临汾驿,四十一驿二千三百八十里^④。临汾驿至雁门驿,四驿三百三十里^⑤。

本司至本卫三百三十里。

一至大同府_{其路有二}:

一路水马驿,五十九驿四千六百七十里。

水驿:龙江驿至开封府大梁驿,三十一驿二千八百四十五里;

马驿:二十八驿一千八百二十五里。

大梁驿至雁门驿,二十四驿一千五百一十五里。雁门驿至本府云中驿,四驿三百一十里。

雁门驿_{六十里}至广武驿,_{九十里}至安银子驿,_{八十里}至西安驿,_{八十里}

---

① "南关驿至本州",疑为衍文。
② "一千五百一十五里",底本作"一千五百一十七里",据上下文意改。
③ "二千七百一十里",底本作"三千七百一十里",据上下文意改。
④ "二千三百八十里",底本作"三千三百八十里",据上下文意改。
⑤ "三百三十里",底本作"二百三十里",据上下文意改。

至本府云中驿。

一路马驿,四十九驿三千二十里。

会同馆至雁门驿,四十五驿二千七百一十里。雁门驿至本府云中驿,四驿三百一十里。

本司至本府六百四十里。

一至蔚州卫其路有二:

一路水马驿,六十二驿五千二十里。

水驿:龙江驿至开封府大梁驿,三十一驿二千八百四十五里;

马驿:三十一驿二千一百七十五里。

大梁驿至大同府云中驿,二十八驿一千八百二十五里。云中驿至蔚州驿,三驿三百五十里。

云中驿八十里至瓮城驿,五十里至上盘驿,二百二十里至蔚州驿。

一路马驿,五十二驿三千三百七十里。

会同馆至大同府云中驿,四十九驿三千二十里。云中驿至蔚州驿,三驿三百五十里。

本司至本卫九百九十里。

一至朔州卫其路有二:

一路水马驿,五十七驿四千六百里[①]。

水驿:龙江驿至开封府大梁驿,三十一驿二千八百四十五里;

马驿:二十六驿一千七百五十五里[②]。

大梁驿至雁门驿,二十四驿一千五百一十五里。雁门驿至朔州城东驿,二驿二百四十里。

雁门驿六十里至广武驿[③],一百八十里至城东驿。

---

① "四千六百里",底本作"四千五百里",据上下文意改。

② "一千七百五十五里",底本作"一千六百五十五里",据上下文意改。

③ "广武驿",底本脱"驿"字,据《路程图记》卷三之二〇补。

一路马驿,四十七驿二千九百五十里^①。

会同馆至雁门驿,四十五驿二千七百一十里。雁门驿至朔州城东驿,二驿二百四十里。

本司至本卫四百七十里。

一至镇西卫_{其路有二：}

一路水马驿,五十五驿四千三百八十里。

水驿：龙江驿至开封府大梁驿,三十一驿二千八百四十五里；

马驿：二十四驿一千五百三十五里。

大梁驿至临汾驿,二十驿一千一百八十五里。临汾驿至岢岚州永定驿,四驿三百五十里。

临汾驿_{九十里}至凌井驿,_{八十里}至康家会驿,_{八十五里}至闹泥驿,_{九十五里}至永定驿。

一路马驿,四十五驿二千七百三十里。

会同馆至临汾驿,四十一驿二千三百八十里。临汾驿至岢岚州永定驿,四驿三百五十里。

本司至本卫三百五十里。

一至汾州_{其路有二：}

一路水马驿,五十三驿四千二百六十里。

水驿：龙江驿至开封府大梁驿,三十一驿二千八百四十五里；

马驿：二十二驿一千四百一十五里。

大梁驿至同戈驿,十九驿一千一百五里。同戈驿至本州,三驿三百一十里。

同戈驿_{五十里}至贾令驿,_{六十里}至洪善驿,_{二百里}至本州。

一路马驿,四十三驿二千六百一十里。

---

① "二千九百五十里",底本作"三千八百五十里",据上下文意改。

会同馆至同戈驿,四十驿二千三百里。同戈驿至本州,三驿三百一十里。

本司至本州三百九十里。

一至平阳府其路有二:

一路水马驿,五十九驿四千四百三十五里。

水驿:龙江驿至开封府大梁驿,三十一驿二千八百四十五里;

马驿:二十八驿一千五百九十里。

大梁驿至汾州洪善驿,二十二驿一千二百一十五里。洪善驿至本府建雄驿,六驿三百七十五里。

洪善驿七十里至义棠驿,七十里至瑞石驿,三十五里至仁义驿,六十里至霍山驿,八十里至普润驿,六十里至本府建雄驿。

一路马驿,四十八驿二千七百八十五里。

会同馆至汾州洪善驿,四十二驿二千四百一十里。洪善驿至本府建雄驿,六驿三百七十五里。

本司至本府七百六十五里。

一至蒲州其路有二:

一路水马驿,七十五驿四千八百八十五里。

水驿:龙江驿至开封府大梁驿,三十一驿二千八百四十五里;

马驿:四十四驿二千四十里。

大梁驿至平阳府建雄驿,二十八驿一千五百九十里。建雄驿至本州河东驿,六驿四百五十里。

建雄驿九十里至蒙城驿,五十里至侯马驿,八十里至涑川驿,九十里至泓芝驿,六十里至樊桥驿,八十里至河东驿。

一路马驿,五十四驿三千二百三十五里。

会同馆至平阳府建雄驿,四十八驿二千七百八十五里。建雄驿至本州河东驿,六驿四百五十里。

本司至本州一千二百十五里。

一至平定州_{其路有二}：

一路水马驿，五十五驿四千二百八十五里。

水驿：龙江驿至开封府大梁驿，三十一驿二千八百四十五里；

马驿：二十四驿一千四百四十里。

大梁驿至临汾驿，二十驿一千一百八十五里。临汾驿至本州平潭驿，四驿二百五十五里。

临汾驿_{四十五里至}鸣谦驿，八十里至太安驿，七十里至芹泉驿，六十里至平潭驿。

一路马驿，四十五驿三千六百三十五里^①。

会同馆至临汾驿，四十一驿二千三百八十里。临汾驿至本州平潭驿，四驿二百五十五里。

本司至本州一百五十五里。

京城至山东布政司并所属各府

一至本司_{其路有二}：

一路水马驿，二十九驿一千九百一十五里。

水驿：二十驿一千三百五十里；

马驿：九驿五百六十五里。

龙江驿_{九十里至}龙潭驿，五十五里至仪真驿，七十五里至广陵驿，四十五里至邵伯驿，六十五里至孟城驿，六十里至界首驿，六十里至安平驿，九十里至淮阴驿，六十里至清河驿，七十里至桃源驿，六十里至古城驿，六十里至钟吾驿，六十里至直河驿，六十里至下邳驿，六十里至新安驿，六十里至房村驿，七十里至彭城驿，九十里至夹沟驿，九十里至泗亭驿。七十里至

---

① "三千六百三十五里"，底本作"三千六百二十五里"，据上下文意改。

临城驿七十里至**滕阳驿**,四十五里至**界河驿**,五十里至**郏城驿**,五十里至**昌平驿**,六十里至**清川村驿**^①,九十里至**安宁村驿**^②,六十里至**五道岭驿**,七十里至**东北置驿**,七十里至**谭城驿**。

一路马驿,二十六驿一千四百八十四里。

会同馆三十五里至**江东驿**,十五里至**江淮驿**,三十五里至**东葛城驿**,六十里至**滁阳驿**,六十里至**大柳树驿**,四十五里至**池河驿**,六十里至**红心驿**,六十里至**濠梁驿**,六十里至**王庄驿**,五十五里至**固镇驿**,四十五里至**大店驿**,四十五里至**睢阳驿**,六十里至**夹沟驿**,五十里至**桃山驿**,五十五里至**黄河东岸驿**,一百里至**利国监驿**,七十里至**临城驿**,七十里至**滕阳驿**,四十五里至**界河驿**,五十里至**郏城驿**,六十里至**昌平驿**,六十里至**清川驿**,五十里至**安宁驿**,六十里至**五道岭驿**,七十里至**东北置驿**,七十里至**谭城驿**。

一至兖州府其路有二:

一路水马驿,二十四驿一千五百六十五里。

水驿:龙江驿至徐州泗亭驿,二十驿一千三百五十里;

马驿:临城驿至本府昌平驿,四驿二百一十五里。

一路马驿,会同馆至本府昌平驿,二十一驿一千一百三十五里。

本府至本司三百五十里。

一至东昌府其路有二:

一路水马驿,三十驿一千九百七十五里。

水驿:龙江驿至徐州泗亭驿,二十驿一千三百五十里;

马驿:十驿六百二十五里。

临城驿至兖州府昌平驿,四驿二百一十五里。昌平驿至本府崇武驿,六驿四百一十里。

---

① “清川村驿”,底本脱“村”字,据《寰宇志》卷七三、《清统志》卷一六九补。

② “安宁村驿”,底本脱“村”字,据《寰宇志》卷七一、《纪要》卷三一补。

　　昌平驿一百里至新桥驿,六十里至东原驿,六十里至旧县驿,六十里至铜城驿,六十里至荏山驿,七十里至崇武驿。

　　一路马驿,二十七驿一千五百四十五里。

　　会同馆至兖州府昌平驿,二十一驿一千一百三十五里。昌平驿至本府崇武驿,六驿四百一十里。

　　本司至本府二百六十里。

一至青州府其路有二:

　　一路水马驿,二十一驿一千四百九十里。

　　水驿:龙江驿至淮安府淮阴驿,八驿五百四十里;

　　马驿:十三驿九百五十里。

　　淮阴驿六十里至金城驿,六十里至崇河驿,六十里至潼阳驿,七十里至兴国庄驿,六十里至上庄驿,七十里至东海驿,六十五里至王坊驿,七十五里至傅疃驿,六十里至白石山驿,六十里至桃林驿,六十里至东关驿,一百八十里至丹河驿,七十里至青社驿。

　　一路马驿,二十三驿一千五百七十五里。

　　会同馆至淮阴驿,十驿六百二十五里。

　　会同馆三十五里至江东驿,十五里至江淮驿,一百里至棠邑驿,七十五里至迎銮驿,七十五里至广陵驿,四十五里至邵伯驿,六十五里至盂城驿,六十五里至界首驿,六十里至安平驿,九十里至淮阴驿。淮阴驿至青社驿,十三驿九百五十里。

　　本府至本司三百四十里。

一至莱州府其路有二:

　　一路水马驿,二十三驿一千五百六十五里。

　　水驿:龙江驿至淮阴驿,八驿五百四十里;

　　马驿:十五驿一千二十五里。

　　淮阴驿至青州府东关驿,十一驿七百里。东关驿至本府城南驿,四驿三百二十五里。

东关驿_{一百二十里至}密水驿，_{七十五里至}丘西驿，_{七十里至}苏村驿，_{六十里至}城南驿。

一路马驿，二十五驿一千六百五十里^①。

会同馆至青州府东关驿，二十一驿一千三百二十五里。东关驿至本府城南驿，四驿三百二十五里。

本司至本府六百九十里。

一至登州府_{其路有二}：

一路水马驿，二十七驿一千八百五里。

水驿：龙江驿至淮阴驿，八驿五百四十里；

马驿：十九驿一千二百六十五里。

淮阴驿至莱州府城南驿，十五驿一千二十五里。城南驿至本府蓬莱驿，四驿二百四十里。

城南驿_{六十里至}朱桥驿，_{六十里至}黄山馆驿，_{六十里至}龙山驿，_{六十里至}蓬莱驿。

一路马驿，二十九驿一千八百九十里。

会同馆至莱州府城南驿，二十五驿一千六百五十里。城南驿至本府蓬莱驿，四驿二百四十里。

本司至本府九百二十里。

京城至北京行部并所属各府卫

一至北京_{其路有二}：

一路水马驿，四十七驿三千四百四十五里。

---

①"二十五驿"，底本作"二十二驿"，据上下文意改。

水驿：三十七驿二千八百^①；

马驿：十驿五百八十五里。

龙江水驿九十里至龙潭水驿，五十五里至仪真水驿，七十五里至广陵水驿，四十五里至邵伯水驿，六十五里至盂城水驿，六十里至界首水驿，六十里至安平水驿，九十里至淮阴水驿，六十里至清口水驿，九十里至桃源水驿，六十里至古城水驿，六十里至钟吾水驿，六十里至直河水驿，六十里至下邳水驿，六十里至新安水驿，六十里至房村水驿，七十里至彭城水驿，九十里至夹沟水驿，九十里至泗亭水驿，九十里至沙河水驿，六十里至橹桥水驿，七十里至南城水驿，一百二十里至开河水驿，七十里至安山水驿，七十里至荆门水驿，八十里至崇武水驿，八十里至清阳水驿，七十里至清源水驿，八十里至渡口水驿，八十里至甲马营水驿，九十里至梁家庄水驿，七十里至安德水驿，八十里至良店水驿，八十五里至连窝水驿，七十五里至新桥水驿，七十里至砖河水驿，七十里至乾宁水驿，七十里至流河水驿，六十里至奉新水驿，六十里至杨青水驿，一百二十里至杨村水驿，九十里至河西水驿，一百里至和合水驿，一百里至通津水驿，四十里至北京会同馆。

一路马驿，三十九驿二千三百六十四里。

会同馆三十五里至江东驿，十五里至江淮驿，三十五里至东葛城驿，六十里至滁阳驿，六十里至大柳树驿，四十五里至池河驿，六十里至红心驿，六十里至濠梁驿，六十里至王庄驿，五十五里至固镇驿，四十五里至大店驿，四十五里至睢阳驿，六十里至夹沟驿，五十里至桃山驿，五十五里至黄河东岸驿，九十九里至利国监驿，七十里至临城驿，七十里至滕阳驿，四十五里至界河驿，五十里至邾城驿，六十里至昌平驿，一百里至新桥驿，六十里至东原驿，六十里至旧县驿，六十里至铜城驿，六十里至荏山驿，七十里至鱼丘驿，八十里至太平驿，七十里至安德驿，六十里至东光驿，五十五里至阜城驿，

---

① "三十七驿二千八百"，疑 "八百"下有脱文。

八十里至乐城驿,六十五里至瀛海驿,八十里至鄚城驿,七十里至归义驿,六十里至汾水驿,六十里至涿鹿驿,七十里至固节驿,七十里至本司燕台驿。

一至河间府其路有二:

一路水马驿,龙江驿至本府砖河驿,四十驿二千八百五十五里,内砖河驿一百二十里至本府。

水驿:三十驿二千二百七十里[①];

马驿:十驿五百八十五里。

一路马驿,会同馆至本府瀛海驿,三十三驿一千九百六十四里。

本府至本司三百十里。

一至永平府其路有二:

一路水马驿,五十九驿四千一百二十五里。

水驿:三十七驿二千八百六十里;

马驿:二十二驿一千二百六十五里。

龙江驿至北京会同馆,四十七驿三千四百四十五里。北京会同馆至本府迁安驿,马驿十二驿六百八十里。

北京会同馆四十里至潞河驿,五十里至夏店驿,五十里至公乐驿,五十里至渔阳驿,六十里至阳樊驿,六十里至永济驿,六十里至义丰驿,七十里至七家岭驿,六十里至滦河驿,六十里至芦峰口驿,六十里至榆关驿,六十里至迁安驿。

一路马驿,五十一驿三千四十四里。

会同馆至北京会同馆,三十九驿二千三百六十四里。北京会同馆至本府迁安驿,十二驿六百八十里。

本司至本府六百八十里。

一至会州卫其路有二:

---

① "二千二百七十里",底本作"二千一百七十里",据上下文意改。

一路水马驿,五十八驿四千五十五里。

水驿:三十七驿二千八百六十里;

马驿:二十一驿一千一百九十五里。

龙江驿至北京会同馆,水马驿四十七驿三千四百四十五里。北京会同馆至本卫在城驿,马驿十一驿六百一十里。

北京会同馆四十里至潞河驿,五十里至夏店驿,五十里至公乐驿,五十里至渔阳驿,六十里至石门镇驿^①,六十里至遵化驿,七十里至滦阳驿,五十里至富民驿,六十里至宽河驿,六十里至柏山驿,六十里至会州在城驿。

一路马驿,五十驿二千九百七十四里。

会同馆至北京会同馆,三十九驿二千三百六十四里。北京会同馆至本卫在城驿,马驿十一驿六百一十里。

本司至本卫六百一十里。

一至富峪卫其路有二:

一路水马驿,六十驿四千一百七十五里。

水驿:三十七驿二千八百六十里;

马驿:二十三驿一千三百一十五里。

龙江驿至会州在城驿,马驿五十八驿四千五十五里。会州在城驿至本卫在城驿,马驿二驿一百二十里。

会州在城驿六十里至季家庄驿,六十里至本卫在城驿。

一路马驿,五十二驿三千九十四里。

会同馆至会州在城驿,五十驿二千九百七十四里。会州在城驿至本卫在城驿,二驿一百二十里。

本司至本卫七百三十里。

一至大宁其路有二:

---

① "石门镇驿",底本脱"镇"字,据《寰宇志》卷一、《九边考》卷二补。

一路水马驿,六十一驿四千二百四十五里。

水驿:三十七驿二千八百六十里;

马驿:二十四驿一千三百八十五里。

龙江驿至富峪卫在城驿,六十驿四千一百七十五里。富峪卫在城驿至本处在城驿,一驿七十里。

一路马驿,五十三驿三千一百六十四里。

会同馆至富峪卫在城驿,五十二驿三千九十四里。富峪卫在城驿至本处在城驿,一驿七十里。

本司至本处八百里。

一至兴州中屯卫其路有二:

一路水马驿,五十二驿三千八百一十六里①。

水驿:三十七驿二千八百六十里;

马驿:十五驿九百五十六里。

龙江驿至北京会同馆,水马驿四十七驿三千四百四十五里。北京会同馆至本卫在城驿,马驿五驿三百七十一里。

北京会同馆六十里至顺义驿,七十里至密云驿,一百二十里至古北口驿,五十六里至青松驿,六十五里至兴州在城驿。

一路马驿,四十四驿二千七百三十五里②。

会同馆至北平府密云驿,三十九驿二千三百六十四里。北京会同馆至本卫在城驿,五驿三百七十一里③。

本司至本卫三百七十里。

一至广平府

马驿:三十驿一千六百八十五里。

①"三千八百一十六里",底本作"三千八百二十六里",据上下文意改。

②"二千七百三十五里",底本作"一千七百三十五里",据上下文意改。

③"三百七十一里",底本作"三百七十里",据上下文意改。

会同馆三十五里至江东驿，十五里至江淮驿，三十五里至东葛城驿，六十里至滁阳驿，六十里至大柳树驿，四十五里至池河驿，六十里至红心驿，六十里至濠梁驿，六十里至王庄驿，五十五里至固镇驿，四十五里至大店驿，四十五里至睢阳驿，七十里至百善道驿，六十里至太丘驿，六十里至会亭驿，五十里至石榴固驿，六十里至商丘驿，八十里至宁城驿，六十里至葵丘驿，七十里至雍丘驿，六十里至莘城驿，五十里至大梁驿，五十里至中滦驿，六十里至廪延驿，七十里至河平驿，六十里至淇门驿，六十里至宜沟驿，七十里至邺城驿，七十里至滏阳驿，七十里至本府丛台驿。

本府至本司一百四十五里。

一至顺德府

马驿：三十二驿一千八百里。

会同馆至广平府丛台驿，三十驿一千六百八十五里。北京会同馆至本府龙岗驿，二驿一百一十五里。

丛台驿四十五里至临洺驿，七十里至本府龙岗驿。

本府至本司九百三十里。

一至真定府

马驿：三十七驿二千九十里。

会同馆至顺德府龙岗驿，三十二驿一千八百里。龙岗驿至本府恒山驿，五驿二百九十里。

龙岗驿六十里至中丘驿，六十里至槐水驿，六十里至鄗城驿，四十里至关城驿，七十里至恒山驿。

本府至本司六百四十里。

一至保定府

马驿：四十一驿二千三百九十里。

会同馆至真定府恒山驿，三十七驿二千九十里。恒山驿至本府金台驿，四驿三百里。

恒山驿_{九十里至}西乐驿,_{六十里至}永定驿,□□□□翟城驿,_{九十里至}金台驿。

本府至本司五百二十里。

一至开平_{其路有二}:

一路水马驿,六十驿四千一百七十里。

水驿:三十七驿二千八百六十里;

马驿:二十三驿一千三百一十里。

龙江驿至北京会同馆,四十七驿三千四百四十五里。北京会同馆至开平驿,马驿十三驿七百二十五里。

北京会同馆_{六十里至}顺义驿,_{七十里至}密云驿,_{六十里至}石匣驿,_{六十里至}古北口驿,_{六十里至}青松驿,_{五十里至}古城驿,_{六十里至}灰岭驿,_{五十里至}滦河驿^①,_{五十里至}黄崖驿,_{六十里至}哈八驿^②,_{五十里至}沈河驿,_{四十五里至}东凉亭驿^③,_{五十里至}开平驿。

一路马驿,五十二驿三千八十九里。

会同馆至北京会同馆,三十九驿二千三百六十四里。北京会同馆至开平驿,马驿十三驿七百二十五里。

本司至本处七百二十五里。

一至宣府_{其路有二}:

一路水马驿,五十三驿三千七百三十里。

水驿:三十七驿二千八百六十里;

马驿:十六驿八百七十里。

龙江驿至北平府燕台驿,四十七驿三千四百四十五里。北京会

---

① "河",底本作"和",据《路程图记》卷四之一○、《纪要》卷一七改。

② "哈八驿",底本"八"下有"口"字,据《纪要》卷一八、《昌平山水记》下删。

③ "四十五里",《路程图记》卷四之一○作"四十里"。

同馆至宣府,马驿六驿二百八十五里。

北京会同馆五十里至榆河驿,五十里至居庸关驿,四十五里至榆林驿,四十里至土木驿,五十里至鸡鸣山驿,五十里至宣府驿。

本司至本府三百八十五里。

一路马驿,四十五驿二千六百四十九里。

会同馆至燕台驿,三十九驿二千三百六十四里。燕台驿至宣府驿,六驿二百八十五里。

一至山海卫其路有二:

一路水马驿,六十驿四千一百八十五里。

水驿:三十七驿二千八百六十里;

马驿:二十三驿一千三百二十五里。

濠梁驿一百二十里至涂山驿①,九十里至柳滩驿,一百五十里至寿春驿,九十里至新站驿,九十里至甘城驿,九十里至江口驿,九十里至□□驿,一百里至颍川驿,九十里至柳河口驿,一百里至和阳驿,一百里至界沟驿,七十里至武丘驿,一百五十里至宛丘驿,一百二十里至义安驿,一百二十里至崔桥驿,一百二十里至双沟驿,一百二十里至本司开封府大梁驿。

一路马驿,二十二驿计一千□百□十五里。

会同馆三十五里至江东驿,十五里至江淮驿,三十五里至东葛城驿,六十里至滁阳驿,六十里至大柳树驿,四十五里至池河驿,六十里至红心驿,六十里至濠梁驿,六十里至王庄驿,五十五里至固镇驿,四十五里至大店驿,四十五里至睢阳驿,七十里至百善道驿,六十里至太丘驿,六十里至会亭驿,五十里至石榴固驿,六十里至商丘驿,六十里至宁城驿,六十里至葵丘驿,七十里至②。

---

① "濠梁驿一百二十里至涂山驿"至"七十里至",疑为衍文。

② 底本以下原缺。

京城至湖广布政司并所属各府

一至本司其路有二：

一路水驿，十八驿一千七百三十里。

龙江驿六十里至大胜驿，九十里至采石驿，一百二十里至橹港驿，一百二十里至荻港驿，一百三十里至大通驿，八十里至池口驿，六十里至李阳河驿，八十里至同安驿，一百二十里至雷港驿，一百一十里至龙城驿，一百二十里至彭蠡驿，六十里至浔阳驿，一百二十里至富池驿，六十里至蕲阳驿，一百二十里至兰溪驿，六十里至齐安驿，一百二十里至阳逻驿，七十里至本司夏口驿。

一路马驿，二十六驿一千五百三十五里①。

会同馆六十里至江宁镇驿②，六十里至采石驿，三十五里至当利驿，六十里至祁门驿，六十里至界首驿，六十里至高井驿，六十里至西山驿，六十里至□□驿，六十里至派河驿，六十里至三沟驿，六十里至梅心驿，六十里至吕亭驿，六十里至陶冲驿，六十里至青口驿，六十里至小池驿，六十里至枫香驿，六十里至停前驿，六十里至双城驿，六十里至广济驿，六十里至西河驿，六十里至浠川驿，六十里至巴水驿，六十里至临皋驿，六十里至李坪驿，六十里至阳逻驿，六十里至将台驿。

一至黄州府其路有二：

一路水驿，龙江驿至齐安驿，十六驿一千五百五十里。

一路马驿，会同馆至临皋驿，二十三驿一千三百五十五里。

本府至本司一百八十里。

一至岳州府其路有二：

一路水驿，二十四驿二千二百二十五里。

---

① "一千五百三十五里"，底本作"一千三百二十五里"，据上下文意改。

② "宁"，底本作"陵"，据《寰宇志》卷八、《纪要》卷二〇改。

　　龙江驿至夏口驿,十八驿一千七百三十里。夏口驿至本府城陵矶驿,六驿四百九十五里。

　　夏口驿六十里至金口驿,九十里至簰洲驿,九十里至鱼山驿,七十五里至石头口驿,一百二十里至鸭栏驿,六十里至城陵矶驿。

　　一路马驿,三十四驿二千一十五里。

　　会同馆至将台驿,二十六驿一千五百三十五里。将台驿至岳阳驿,八驿四百八十里。

　　将台驿六十里至东湖驿,六十里至山陂驿,六十里至咸宁驿,六十里至官塘驿,六十里至凤山驿,六十里至长安驿,六十里至云溪驿,六十里至岳阳驿。

　　本司至本府五百一十里。

一至荆州府其路有二:

　　一路水驿,三十一驿二千六百八十五里。

　　龙江驿至城陵矶驿,二十四驿二千二百二十五里。城陵矶驿至本府荆南驿,七驿四百六十里。

　　城陵矶驿九十里至黄家驿,七十里至塔市驿,六十里至调弦驿,六十里至石首驿,六十里至柳子驿,六十里至屖陵驿,六十里至荆南驿。

　　一路水马驿,四十二驿二千四百九十里。

　　马驿:会同馆至岳州府岳阳驿,本驿十五里至城陵矶驿,三十五驿二千三十里;

　　水驿:城陵矶驿至本府荆南驿,七驿四百六十里。

　　本司至本府九百五十五里。

一至归州其路有二:

　　一路水驿,三十八驿三千二百三十里。

　　龙江驿至荆南驿,三十一驿二千六百八十五里。荆南驿至本州建平驿,七驿五百四十五里。

荆南驿六十里至流店驿，六十里至潘家溪驿，九十五里至白羊驿，一百二十里至凤栖驿，九十里至黄牛驿，六十里至屈溪驿，六十里至建平驿。

一路水马驿，四十九驿三千三十五里。

马驿：会同馆至岳阳驿，本驿十五里至城陵矶驿，三十五驿二千三十里；

水驿：城陵矶驿至本州建平驿，十四驿一千五里。

本司至本州一千五百里。

一至长沙府其路有二：

一路水驿，三十驿二千六百二十里。

龙江驿至岳州府城陵矶驿，二十四驿二千二百二十五里。城陵矶驿至本府临湘驿，六驿三百九十五里。

城陵矶驿七十五里至鹿角驿，六十里至磊石驿，六十里至营田驿，六十里至笙竹驿，七十里至彤关驿，七十里至临湘驿。

一路水马驿，四十一驿二千四百二十五里。

马驿：会同馆至岳阳驿，本驿十五里至城陵矶驿，三十五驿二千三十里；

水驿：城陵矶驿至本府临湘驿，六驿三百九十五里。

本司至本府八百□十里。

一至衡州府其路有二：

一路水驿，三十八驿三千二百二十五里。

龙江驿至临湘驿，三十驿二千六百二十里。临湘驿至本府临蒸驿，八驿六百五里。

临湘驿九十里至湘潭驿，一百十五里至渌口驿，六十五里至泗州驿，七十五里至都石驿，六十五里至皇华驿，七十五里至霞流驿，六十里至七里驿^①,六十里至临蒸驿。

本司至本府一千四百九十五里。

一路水马驿,四十九驿三千三十里。

马驿:会同馆至岳阳驿,本驿十五里至城陵矶驿,三十五驿二千三十里;

水驿:城陵矶驿至本府临蒸驿,十四驿一千里。

一至永州府_{其路有二:}

一路水驿,四十五驿三千七百五十五里。

龙江驿至临蒸驿,三十八驿三千二百二十五里。临蒸驿至本府湘口驿,七驿五百三十里。

临蒸驿_{九十里至}新塘驿,_{八十里至}柏坊驿,_{六十里至}河州驿,_{六十里至}归阳驿,_{九十里至}三吾驿,_{九十里至}方潋驿,_{六十里至}湘口驿。

一路水马驿,五十六驿三千五百六十里。

马驿:会同馆至岳阳驿,本驿十五里至城陵矶驿,三十五驿二千三十里;

水驿:城陵矶驿至本府湘口驿,二十一驿一千五百三十里。

本司至本府二千二十五里。

一至郴州_{其路有二:}

一路水驿,四十一驿三千九百三十五里。

龙江驿至衡州府临蒸驿,三十八驿三千二百二十五里。临蒸驿至本州郴江驿,三驿七百一十里。

临蒸驿_{三百八十里至}耒江驿,_{一百八十里至}皇华驿,_{一百五十里至}郴江驿。

一路水马驿,五十二驿三千七百四十里。

---

① "七",底本作"十",据《寰宇志》卷五六、嘉靖《衡州府志》卷三改。

马驿:会同馆至岳阳驿,本驿十五里至城陵矶驿,三十五驿二千三十里;

水驿:城陵矶驿至本州郴江驿,十七驿一千七百一十里。

本司至本州二千二百五十[①]。

一至宝庆府_{其路有二:}

一路水驿,三十驿三千五百六十里。

龙江驿至城陵矶驿,二十四驿二千二百二十五里。城陵矶驿至本府资江驿,六驿一千三百三十五里。

城陵矶驿_{七十五里至}鹿角驿,_{六十里至}磊石驿,_{六十里至}营田驿,_{六十里至}笙竹驿,_{七百八十里至}新化驿,_{二百里至}资江驿。

一路水马驿,四十一驿三千三百六十五里。

马驿:会同馆至岳阳驿,本驿十五里至城陵矶驿,三十五驿二千三十里;

水驿:城陵矶驿至本府资江驿,六驿一千三百三十五里。

本司至本府一千八百三十里。

一至常德府_{其路有二:}

一路水驿,二十八驿二千七百六十五里。

龙江驿至岳州府城陵矶驿,二十四驿二千二百二十五里。城陵矶驿至本府府河驿,四驿五百四十里。

城陵矶驿_{一百二十里至}明山古楼驿,_{一百八十里至}武口驿,_{一百二十里至}河池驿,_{一百二十里至}府河驿。

一路马驿,四十五驿二千七百三十里[②]。

会同馆至岳阳驿,三十四驿二千一十五里。岳阳驿至本府和丰驿,十一驿七百一十五里。

---

① "至本州二千二百五十",疑"五十"下有脱文。

② "四十五驿",底本"五"下衍"里"字,据体例及上下文意删。

岳阳驿_{九十里至}临江驿，_{六十里至}**华容驿**，_{六十里至}**通化驿**，_{六十里至}**民安驿**，_{六十里至}**屏陵驿**，_{六十里至}**孙黄驿**，_{七十里至}**顺林驿**，_{六十里至}**兰江驿**，_{六十里至}**清化驿**，_{七十五里至}**大龙驿**，_{六十里至}**和丰驿**。

本司至本府一千三十五里。

一至辰州府_{其路有二：}

一路水驿，三十三驿三千二百二十五里。

龙江驿至常德府府河驿，二十八驿二千七百六十五里。府河驿至本府怡容驿，五驿四百六十里。

府河驿_{一百二十里至}**渌罗驿**，_{一百六十里至}**高都驿**，_{六十里至}**清浪驿**，_{六十里至}**北溶驿**，_{六十里至}**怡容驿**。

一路马驿，五十一驿三千一百三十里。

会同馆至常德府和丰驿，四十五驿二千七百三十里。和丰驿至本府辰阳驿，六驿四百里。

和丰驿_{八十里至}**桃源驿**，_{六十里至}**郑家驿**，_{六十里至}**新店驿**，_{八十里至}**界亭驿**，_{六十里至}**马底驿**，_{六十里至}**辰阳驿**。

本司至本府□□四百九十里。

一至沅州_{其路有二：}

一路水驿，四十二驿三千九百七十五里。

龙江驿至辰州府怡容驿，三十三驿三千二百二十五里。怡容驿至本府沅水驿，九驿七百五十里。

怡容驿_{六十里至}**武溪驿**，_{一百二十里至}**辰阳驿**，_{一百二十里至}**江口驿**，_{六十里至}**铜安驿**，_{八十里至}**安江驿**，_{八十里至}**洪江驿**，_{六十里至}**竹寨驿**，_{七十里至}**盈口驿**，_{一百里至}**沅水驿**。

一路马驿，五十五驿三千四百三十里。

会同馆至辰州府辰阳驿，五十一驿三千一百三十里。辰阳驿至本州罗旧驿，四驿三百里。

辰阳驿七十五里至船溪驿，七十五里至山塘驿，七十里至怀化驿，八十里至罗旧驿。

本司至本州二千二百四十五里。

一至靖州其路有二：

一路水驿，四十驿三千九百八十五里。

龙江驿至洪江驿，三十九驿三千七百四十五里。洪江驿至本州，一驿二百四十里。

一路水马驿，五十一驿三千七百九十里。

马驿：会同馆至岳阳驿，本驿十五里至城陵矶驿，三十五驿二千三十里；

水驿：十六驿一千七百六十里。

城陵矶驿至洪江驿，十五驿一千五百二十里。洪江驿至本州，一驿二百四十里。

本司至本州二千二百五十五里。

一至汉阳府

水驿：龙江驿至武昌府夏口驿，过江，至本府，十九驿一千七百三十里。

一至沔阳州

水驿：二十三驿二千二百七十里。

龙江驿至武昌府夏口驿，十八驿一千七百三十里。夏口驿至本州，五驿五百四十里。

夏口驿六十里至蒲潭驿，六十里至三汊驿，一百八十里至沙湖驿，一百二十里至塝埠驿，一百二十里至汉津驿。

本司至本州五百四十里。

一至安陆州

水驿：二十八驿二千八百七十里。

龙江驿至沔阳州汉津驿,二十三驿二千二百七十里。汉津驿至本州石城驿,五驿六百里。

汉津驿一百二十里至别河驿,一百二十里至深江驿,一百二十里至白洑驿,一百二十里至旧口驿,一百二十里至石城驿。

本司至本州一千一百四十里。

一至襄阳府

水驿:三十二驿三千四百一十里^①。

龙江驿至安陆州石城驿,二十八驿二千八百七十里。石城驿至本府汉江驿,四驿五百四十里。

石城驿一百二十里至鱼料驿,一百八十里至苏家湖驿,一百二十里至潼口驿,一百二十里至汉江驿。

本司至本府一千六百八十里。

一至思州宣慰司其路有二:

一路水驿,四十五驿四千一百九十五里。

龙江驿至沅州沅水驿,四十二驿三千九百七十五里。沅水驿至本州平溪驿,三驿二百二十里^②。

沅水驿八十里至便溪驿,六十里至晃州驿,八十里至平溪驿。

一路马驿,五十七驿三千六百一十里。

会同馆至沅州罗旧驿,五十五驿三千四百三十里。罗旧驿至本司平溪驿,二驿一百八十里。

罗旧驿八十里至冷水驿,一百里至平溪驿。

本司至本州宣慰司二千四百二十五里。

一至思南宣慰司其路有二:

一路水驿,四十八驿四千三百九十五里。

---

① "三千四百一十里",底本作"二千四百一十里",据上下文意改。

② "二百二十里",底本作"二百一十里",据上下文意改。

龙江驿至思州平溪驿，四十五驿四千一百九十五里。平溪驿至本司偏桥驿，三驿二百里。

平溪驿八十里至清浪驿，六十里至镇远驿，六十里至偏桥驿。

一路马驿，六十驿三千八百一十里。

会同馆至思州平溪驿，五十七驿三千六百一十里。平溪驿至本司，三驿二百里。

平溪驿八十里至清浪驿，六十里至镇远驿，六十里至偏桥驿。

本司至思南宣慰司二千六百七十五里。

京城至广东布政司并所属各府

一至本司

水马驿四十五驿四千三百九十里。

水驿：三十六驿三千四百七十里；

水马驿：八驿八百里；

马驿：一驿一百二十里。

龙江水驿六十里至大胜水驿，九十里至采石水驿，一百二十里至橹港驿，一百二十里至荻港水驿，一百三十里至大通驿，八十里至池口驿，六十里至李阳河驿，八十里至同安驿，一百二十里至雷港驿，一百二十里至龙城水驿，一百二十里至彭蠡驿，一百二十里至匡庐水驿，一百二十里至吴城水驿，一百二十里至樵舍水驿，六十里至南浦水驿，八十里至市汊水驿，七十里至剑江水驿，一百二十里至萧滩水驿，八十里至金川水驿，八十里至玉峡水驿，八十里至白沙水驿，八十里至螺川水驿，一百二十里至淘金水驿，一百六十里至浩溪水驿，一百二十里至五云水驿，八十里至皂口水驿，一百里至攸镇水驿，一百二十里至水西水驿，八十里至九牛水驿，八十里至南野水驿，一百二十里至小溪水驿，一百二十里至横浦马驿，一百二十里至凌江水马驿，九十里至黄塘水马驿,一百里至平圃水马驿,一百里至芙蓉水马驿,一百里至濛浬水马驿,一百里至清溪水马驿,一百里至浈阳水马驿,一百二十里至横石矶水马驿,九十里至安远水驿,六十里至回岐水驿,六十里至胥江水驿,九十里至官窑水驿,八十里至本司五羊水马驿。

一至潮州府其路有二:

一路龙江驿至广州府,由水马驿至本府,六十六驿六千五百八十里。

水驿:五十二驿五千一百五十里;

水马驿:十二驿一千二百一十里;

马驿:二驿二百二十里。

龙江驿至广州府五羊驿,水马驿四十五驿四千三百九十里。五羊驿至本府凤城驿,水马驿二十一驿二千一百九十里。

五羊水马驿一百二十里至东洲水驿,一百二十里至黄家山水驿,一百里至铁岗水驿,八十里至苏州水驿,一百里至欣乐水马驿,一百里至水东水驿,一百里至莫村水驿,一百里至苦竹派水驿,九十里至宝江水驿,一百里至义合水驿,九十里至蓝口水驿,一百里至雷乡水马驿,一百里至通衢马驿,一百里至兴宁水马驿,一百里至七都水驿,一百里至榄潭水驿,一百里至程江水驿,一百里至松口水驿,一百里至三河水驿,二百里至产溪水驿,一百里至凤城水马驿。

一路龙江驿至广州府,由马驿至本府,六十驿五千六百五十五里。

水驿:三十六驿三千四百七十里;

马驿:十六驿一千三百八十五里;

水马驿:八驿八百里。

龙江驿至广州府五羊驿,水马驿四十五驿四千三百九十里。五羊驿至本府凤城驿,马驿十五驿一千二百六十五里。

五羊驿一百一十里至乌石驿,六十里至增江驿,一百里至沙河驿,一百里至欣乐驿,一百里至平山驿,一百里至平政驿,六十里至平安驿,九十里至南丰驿,八十里至东海滘驿,九十里至大陂驿,七十里至北山驿,五十五里至武宁驿,一百十里至灵山驿,九十里至桃山驿,五十里至凤城驿。

本司至本府一千二百六十五里。

一至惠州府其路有二:

一路龙江驿至广州府,由水马驿至本府欣乐驿,五十驿四千九百里。

水驿:四十驿三千八百七十里;

马驿:一驿一百二十里;

水马驿:九驿九百一十里。

一路龙江驿至广州府,由马驿至本府欣乐驿,四十九驿四千七百六十里。

水驿:三十六驿三千四百七十里;

马驿:五驿四百九十里;

水马驿:八驿八百里。

本司至本府三百七十里。

一至南雄府

龙江驿至本府凌江驿,水马驿三十三驿三千三百里。

水驿:三十二驿三千一百八十里;

马驿:一驿一百二十里。

本府至本司一千九十里。

一至韶州府

龙江驿至本府芙蓉驿,三十六驿三千五百九十里①。

①"三十六驿",底本作"二十六驿",据上下文意改。

水驿：三十二驿三千一百八十里；

马驿：一驿一百二十里；

水马驿：三驿二百九十里。

本府至本司八百里。

一至琼州府

水马驿六十四驿五千八百六十五里。

水驿：三十五驿三千四百六十里；

马驿：十七驿一千三百八十里；

水马驿：十二驿一千二十五里。

龙江驿至广州府胥江驿，水马驿四十三驿四千二百二十里。胥江驿至本府琼台驿，水马驿二十一驿一千六百四十五里。

胥江水驿一百六十里至松台水驿，八十里至腰古马驿，五十里至新昌水马驿，七十五里至独鹤马驿，八十五里至恩平马驿，九十里至莲塘马驿，六十里至西平马驿①，七十五里至太平马驿，一百二十里至立石马驿，八十里至那夏马驿，七十里至古潘马驿，八十里至陵水马驿，一百一十里至新和马驿，六十里至桐油马驿，九十里至城月马驿，九十里至雷阳马驿，六十里至将军马驿，七十里至英利马驿，七十里至沓磊马驿②，过海，六十里至白沙水马驿，一十里至琼台马驿。

本司至本府一千七百六十里。

一至肇庆府

龙江驿至本府松台驿，水马驿四十四驿四千三百八十里。

水驿：三十五驿三千四百六十里；

水马驿：八驿八百里；

马驿：一驿一百二十里。

---

① “平”，底本作“车”，据《明会典》卷一四六、《路程图记》卷三之二六改。
② “沓”，底本作“杏”，据《明会典》卷一四六、《路程图记》卷三之二六改。

本司至本府二百七十五里。

一至高州府

龙江驿至本府古潘驿，五十四驿五千一百六十五里。

水驿：三十五驿三千四百六十里；

水马驿：十驿九百五十五里；

马驿：九驿七百五十里。

本司至本府一千六十里。

一至雷州府

龙江驿至本府雷阳驿，水马驿五十九驿五千五百九十五里。

水驿：三十五驿三千四百六十里；

水马驿：十驿九百五十五里；

马驿：十四驿一千一百八十里。

本司至本府一千四百九十里。

一至崖州

水马驿七十八驿六千六百五十五里。

水驿：三十五驿三千四百六十里；

水马驿：十二驿一千二十五里；

马驿：三十一驿二千一百七十里。

龙江驿至琼州府琼台驿，水马驿六十四驿五千八百六十五里。琼台驿至本州潮源驿，马驿十四驿七百九十里。

琼台驿四十里至西峰驿，七十里至朱崖驿①，六十里至归善驿，四十里至古儋驿，四十里至田头驿，四十里至大村驿，三十里至大员驿，四十里至昌江驿，四十里至大南驿②，七十里至县门驿，八十里至甘泉驿，八十里至义宁驿，

①"朱"，底本作"未"，据《明会典》卷一四六、《路程图记》卷三之二六改。
②"大南驿"，底本"南"下有"村"字，据《明会典》卷一四六、《路程图记》卷三之二六删。

六十里至**德化驿**,一百里至**潮源驿**。

本司至本州二千五百五十里。

一至**儋州**

龙江驿至本州古儋驿,水马驿六十八驿六千七十五里^①。

水驿:三十五驿三千四百六十里;

水马驿:十二驿一千二十五里;

马驿:二十一驿一千五百九十里。

本司至本州一千九百七十里。

一至**万州**

水马驿七十一驿六千二百里。

水驿:三十五驿三千四百六十里;

水马驿:十二驿一千二十五里;

马驿:二十四驿一千七百一十五里。

龙江驿至琼州府琼台驿,水马驿六十四驿五千八百六十五里。

琼台驿至本州万全驿,马驿七驿三百三十五里。

琼台驿七十里至**宾宰驿**,四十里至**文昌驿**,四十里至**长岐驿**,五十五里至**东昌驿**,四十里至**温泉驿**,四十五里至**多陈驿**,四十五里至**万全驿**^②。

本司至本州一千九百五里。

一至**廉州府**

水马驿五十九驿五千六百二十里^③。

水驿:三十五驿三千四百六十里;

水马驿:十驿九百五十五里;

马驿:十四驿一千二百五里。

———————————

① "六十八驿",底本作"四十八驿",据上下文意改。

② "万全",底本作"甘泉",据《路程图记》卷三之二六及地望改。

③ "五千六百二十里",底本作"五千六百一十里",据上下文意改。

龙江驿至高州府新和驿，水马驿五十六驿五千三百五十五里。

新和驿至本府环珠驿，马驿三驿二百六十五里。

新和驿八十里至息安驿，九十五里至白石驿，九十里至环珠驿。

本司至本州一千五百一十五里。

京城至广西布政司并所属各府

一至本司其路有二：

一路水驿，五十三驿四千四百六十里。

龙江驿六十里至大胜驿，九十里至采石驿，一百二十里至櫓港驿，一百二十里至荻港驿，一百三十里至大通驿，八十里至池口驿，六十里至李阳河驿，八十里至同安驿，一百二十里至雷港驿，一百二十里至龙城驿，一百二十里至彭蠡驿，六十里至浔阳驿，一百五十里至富池驿，六十里至蕲阳驿，一百二十里至兰溪驿，六十里至齐安驿，一百二十里至阳逻驿，六十里至夏口驿，六十里至金口驿，九十里至簰洲驿，九十里至鱼山驿，七十五里至石头口驿，一百二十里至鸭栏驿，六十里至城陵矶驿，七十五里至鹿角驿，六十里至磊石驿，六十里至营田驿，六十里至笙竹驿，七十里至彤关驿，七十里至临湘驿，九十里至湘潭驿，一百十五里至渌口驿，六十五里至泗洲驿，七十五里至都石驿，六十五里至皇华驿，七十五里至霞流驿，六十里至七里驿，六十里至临蒸驿，九十里至新塘驿，八十里至柏坊驿，六十里至河洲驿，六十里至归阳驿，九十里至三吾驿，九十里至方潋驿，六十里至湘口驿，九十里至石期驿，九十里至柳浦驿，六十里至山角驿，七十五里至城南驿，九十里至建安驿，一百二十里至白云驿，一百二十里至大龙驿，六十里至东江驿。

一路水马，六十四驿四千二百六十五里。

马驿：三十五驿二千三十里。

会同馆六十里至江宁镇驿，六十里至采石驿，三十五里至当利驿，六十里至祁门驿①，六十里至界首驿，六十里至高井驿，六十里至西山驿，六十里至坡冈驿，六十里至派河驿，六十里至三沟驿，六十里至梅心驿，六十里至吕亭驿，六十里至陶冲驿，六十里至青口驿，六十里至小池驿，六十里至枫香驿，六十里至停前驿，六十里至双城驿，六十里至广济驿，六十里至西河驿，六十里至浠川驿，六十里至巴水驿，六十里至临皋驿，六十里至李坪驿，六十里至阳逻驿，六十里至将台驿，六十里至东湖驿，六十里至山陂驿②，六十里至咸宁驿，六十里至官塘驿，六十里至凤山驿，六十里至长安驿，六十里至云溪驿，六十里至岳阳驿，十五里至城陵矶驿。

水驿：城陵矶驿至本司桂林府东江驿，二十九驿二千二百三十五里。

一至平乐府

水驿：五十八驿四千九百里。

龙江驿至桂林府东江驿，五十三驿四千四百六十里。东江驿至本府昭平驿，五驿四百四十里。

东江驿八十里至南亭驿，一百一十里至古杵驿，八十里至昭潭驿，九十里至广运驿，七十里至昭平驿。

本司至本府四百四十里。

一至梧州府

水驿：六十一驿五千一百三十里。

龙江驿至平乐府昭平驿，五十八驿四千九百里。昭平驿至本府府门驿，三驿二百三十里。

昭平驿七十里至龙门驿，八十里至龙江驿，八十里至府门驿。

本司至本府六百七十里。

一至浔州府

---

① "祁"，底本作"祈"，据《寰宇志》卷二一、《纪要》卷一九改。
② "陂"，底本作"坡"，据《寰宇志》卷五〇、《纪要》卷七六改。

水驿：六十五驿五千五百里。

龙江驿至梧州府府门驿，六十一驿五千一百三十里。梧州府府门驿至本府府门驿，四驿三百七十里。

府门驿一百二十里至藤江驿，八十里至黄丹驿，八十里至乌江驿，九十里至府门驿。

本司至本府一千四十里。

一至南宁府

水驿：七十四驿六千四百一十里。

龙江驿至浔州府府门驿，六十五驿五千五百里。浔州府府门驿至本府建武驿，九驿九百一十里。

府门驿一百八十里至东津驿，六十里至怀泽驿，八十里至香江驿，七十里至乌蛮驿，八十里至州门驿，一百二十里至火烟驿，七十里至永淳驿，一百五十里至黄范驿，一百里至建武驿。

本司至本府一千九百五十里。

一至柳州府

水驿：六十一驿五千二百三十五里。

龙江驿至桂林府东江驿，五十三驿四千四百六十里。桂林府东江驿至本府东江驿，八驿七百七十五里。

东江驿一百五十里至苏桥驿，三十五里至三里驿，一百里至横塘驿，一百二十里至大分驿，一百二十里至江口驿，一百里至云腾驿，八十里至雷塘驿，七十里至东江驿。

本司至本府七百七十五里。

一至庆远府

水驿：六十四驿五千三百九十五里。

龙江驿至柳州府东江驿，六十一驿五千二百三十五里。柳州府东江驿至本府宜阳驿，三驿一百六十里。

东江驿六十里至罗思驿,五十里至大曹驿,五十里至宜阳驿。

本司至本府九百三十五里。

一至太平府

水驿:七十六驿六千九百八十里。

龙江驿至南宁府建武驿,七十四驿六千四百一十里。建武驿至本府左江驿,二驿五百七十里。

建武驿一百一十里至凌山驿,四百五十里至左江驿。

本司至本府二千五百三十里。

一至思明府

水驿:七十八驿七千一百九十里。

龙江驿至太平府左江驿,七十六驿六千九百八十里。左江驿至本府明江驿,二驿二百一十里。

左江驿八十里至镫勒驿,一百三十里至明江驿。

本司至本府二千七百四十里。

一至龙州

水驿:七十八驿七千一百二十里。

龙江驿至太平府左江驿,七十六驿六千九百八十里。左江驿至本州龙游驿,二驿一百四十里。

左江驿八十里至镫勒驿,六十里至龙游驿。

本司至本州二千六百七十里。

一至田州府

水马驿六十九驿五千九百二十五里①。

水驿:龙江驿至柳州府江口驿,五十八驿五千八十五里;

马驿:象台驿至本府横山驿,十一驿八百四十里。

---

① "五千九百二十五里",底本作"五千九百一十五里",据上下文意改。

象台驿一百二十里至来宾县在城驿①，八十里至青水驿，八十里至宾州在城驿，九十里至黄桐驿，六十里至硃砂驿，七十里至白石驿，六十里至禄洋驿，七十里至慕化驿，七十里至献淮驿，七十里至平马驿，七十里至横山驿。

本司至本府一千四百六十五里。

一至泗城州

水马驿七十三驿六千二百一十五里。

水驿：龙江驿至柳州府江口驿，五十八驿五千八十五里；

马驿：十五驿一千一百三十里。

象台驿至田州府横山驿，十一驿八百四十里。横山驿至本州泗城驿，四驿二百九十里。

横山驿九十里至戎庄驿，六十里至归乐驿，六十里至往甸驿，八十里至泗城驿。

本司至本州一千七百五十五里。

京城至四川布政司并所属各府各卫

一至本司其路有三②：

一路水驿，九十四驿七千二百六十五里。

龙江驿六十里至大胜驿，九十里至采石驿，一百二十里至橹港驿，一百二十里至荻港驿，一百二十里至大通驿，八十里至池口驿，六十里至李阳河驿，八十里至同安驿，一百二十里至雷港驿，一百二十里至龙城驿，一百二十里至湖口驿，六十里至浔阳驿，一百五十里至富池驿，六十里至蕲阳驿，一百二十里至兰溪驿，六十里至齐安驿，一百二十里至阳逻驿，六十里至夏口

①"县"，底本作"驿"，据《寰宇志》卷一〇七、《纪要》卷一〇九改。
②"其路有三"，底本作"其路有二"，下文列有一路水驿、一路马驿、一路水马驿，据改。

驿,六十里至金口驿,九十里至簰洲驿,九十里至鱼山驿,七十里至石头口驿,一百二十里至鸭栏驿,六十里至城陵矶驿,九十里至黄家驿,六十里至塔市驿,六十里至调弦驿,六十里至石首驿,六十里至柳子驿,六十里至屖陵驿,六十里至荆南驿,六十里至流店驿①,六十里至潘家溪驿,九十五里至白羊驿,一百五里至凤栖驿,九十里至黄牛驿,六十里至屈溪驿,六十里至建平驿,七十里至巴山驿,七十里至万流驿,九十里至高唐驿,一百里至永宁驿,七十里至安平驿,六十里至南陀驿,一百里至五峰驿,九十里至巴阳驿,六十里至周溪驿,六十里至集贤驿,八十里至瀼途驿,六十里至曹溪驿,一百二十里至云根驿,八十里至花林驿,一百一十里至酆陵驿,八十里至东青驿,六十里至涪陵驿,六十里至蔺市驿,七十里至龙溪驿,一百里至木洞驿,一百二十里至朝天驿,一百里至鱼洞驿,六十里至铜罐驿,六十里至僰溪驿,六十里至石羊驿,七十里至石门驿,六十里至汉东驿,六十里至史坝驿,六十里至牛脑驿,六十里至神山驿,七十五里至黄舣驿,六十里至泸川驿,七十里至纳溪驿,六十里至黄坝驿,六十五里至江安驿,六十里至龙腾驿,七十里至李庄驿,六十里至汶川驿②,六十里至牛口驿,六十里至真溪驿,六十里至宣化驿,六十里至月波驿,六十里至下坝驿,六十里至沉犀驿,一百二十里至三圣驿,九十里至凌云驿,六十里至平羌驿,七十里至峰门驿,六十里至青神驿,七十里至石佛驿,六十里至眉州驿,六十里至武阳驿,七十里至龙爪驿,六十里至木马驿,六十里至广都驿,九十里至锦官驿。

一路马驿,八十二驿四千七百九十五里。

会同馆三十五里至江东驿,十五里至江淮驿,四十五里至东葛城驿,六十里至滁阳驿,六十里至大柳树驿,四十五里至池河驿,四十五里至红心驿,六十里至濠梁驿,六十里至王庄驿,五十里至固镇驿,五十里至大店驿,五十里至睢阳驿,七十里至百善道驿,七十里至太丘驿,六十里至会亭驿,

---

① "店",底本作"为",据《明会典》卷一四五、《路程图记》卷七之一改。

② "汶",底本作"汝",据《寰宇志》卷六二、《纪要》卷七〇改。

五十里至石榴固驿，六十里至商丘驿，六十里至宁城驿，五十里至葵丘驿，七十里至雍丘驿，六十里至莘城驿，四十五里至大梁驿，七十里至圃田驿，七十里至管城驿，七十里至索亭驿，四十里至成皋驿，六十里至洛口驿，六十里至首阳驿，七十里至周南驿，七十里至函关驿，五十里至义昌驿，四十里至蠡城驿，七十里至硖石驿，七十里至甘棠驿，六十里至桃林驿，七十里至鼎湖驿，七十里至潼关驿，四十五里至潼津驿，七十里至华山驿，七十里至丰原驿，八十里至新丰驿，七十里至京兆驿，五十里至渭水驿，五十里至白渠驿，六十里至长宁驿，四十里至邰城驿，五十五里至凤泉驿，六十里至岐周驿，五十里至陈仓驿，六十五里至东河桥驿，六十里至草凉楼驿，六十里至梁山驿，六十里至三岔驿，六十里至松林驿，六十里至安山驿，六十里至马道驿，六十里至开山驿，六十里至黄沙驿，六十里至顺政驿，六十里至青阳驿，六十里至金牛驿，六十里至柏林驿，六十里至黄坝驿，六十里至神宣驿，六十里至沙河驿，七十里至龙潭驿，六十五里至柏林驿，四十里至施店驿，五十里至槐树驿，七十五里至锦屏驿，六十里至隆山驿，六十里至柳边驿，六十里至富村驿，六十里至云溪驿，六十里至秋林驿，六十里至皇华驿，六十里至建宁驿，六十里至五城驿，六十里至古店驿，六十里至广汉驿，六十里至新都驿，六十里至锦官驿。

一路水马驿，七十驿五千九百五里。

水驿：龙江驿至重庆府朝天驿，五十九驿四千九百二十五里；

马驿：朝天驿至成都府锦官驿，十一驿九百八十里。

朝天驿六十里至白市驿，六十里至来凤驿，一百二十里至东皋驿，一百里至峰高驿，一百里至龙桥驿，一百里至安仁驿，一百里至珠江驿，一百里至南津驿，一百一十里至阳安驿，八十里至龙泉驿，五十里至锦官驿。

一至夔州府

水驿：龙江驿至本府永宁驿，四十二驿三千五百三十五里。

本府至本司三千七百三十里。

一至重庆府

水驿:龙江驿至本府朝天驿,五十九驿四千九百二十五里。

本府至本司二千三百四十里。

一至泸州

水驿:龙江驿至本州泸川驿①,七十驿五千六百五十里。

本州至本司一千六百一十五里。

一至叙州府

水驿:龙江驿至本府汶川驿,七十六驿六千三十五里。

本府至本司一千二百三十里。

一至嘉定州

水驿:龙江驿至本州凌云驿,八十四驿六千六百五里。

本州至本司六百六十里。

一至眉州

水驿:龙江驿至本州眉州驿,八十九驿六千九百二十五里。

本州至本司三百四十里。

一至施州卫

水马驿四十七驿三千九百三十五里。

水驿:龙江驿至夔州府安平驿,四十四驿三千七百五里;

马驿:三驿二百三十里。

马口驿八十里至龙塘驿,七十里至枝陇驿,八十里至三会驿。

本卫至本司三千七百九十里。

一至黔江千户所

水驿:五十八驿四千八百九十五里。

龙江驿至重庆府涪陵驿,五十五驿四千五百七十五里。涪陵驿

_____

① "泸",底本作"沪",据《明会典》卷一四六、《纪要》卷七二改。以下
径改。

至本所,三驿三百二十里。

涪陵驿一百六十里至关滩驿,八十里至新滩驿,八十里至黔南驿。

本所至本司三千一十里。

一至顺庆府

水驿:六十四驿五千五百六十五里。

龙江驿至重庆府朝天驿,五十九驿四千九百二十五里。朝天驿至本府嘉陵驿,五驿六百四十里。

朝天驿一百二十里至土陀驿,一百二十里至合阳驿,一百二十里至太平驿,一百六十里至平滩驿,一百二十里至嘉陵驿。

本府至本司一千七百六十里。

一至保宁府其路有二:

一路水驿,六十七驿五千九百六十五里。

龙江驿至顺庆府嘉陵驿,六十四驿五千五百六十五里。嘉陵驿至本府锦屏驿,三驿四百里。

嘉陵驿一百二十里至龙溪驿,一百二十里至盘龙驿,一百六十里至锦屏驿。

一路马驿,会同馆至本府锦屏驿,七十驿四千七十五里。

本府至本司七百二十里。

一至潼川州其路有二:

一路水马驿,七十三驿六千三百二十五里。

水驿:龙江驿至保宁府锦屏驿,六十七驿五千九百六十五里;

马驿:锦屏驿至本州皇华驿,六驿三百六十里。

锦屏驿六十里至隆山驿,六十里至柳边驿,六十里至富村驿,六十里至云溪驿,六十里至秋林驿,六十里至皇华驿。

一路马驿,会同馆至本州皇华驿,七十六驿四千四百五十五里。

本州至本司三百六十里。

一至会川卫其路有二：

一路水马驿，一百一十四驿九千一百八十五里。

水驿：龙江驿至成都府锦官驿，九十四驿七千二百六十五里；

马驿：二十驿一千九百二十里。

锦官驿一百三十里至唐安驿，一百二十里至白鹤驿，一百二十里至百丈驿，一百二十里至雅安驿，一百二十里至新店驿，八十里至箐口驿，一百二十里至沈黎驿^①，一百四十里至河南驿，一百二十里至镇西驿，八十里至利济驿，八十里至龙泉驿，一百二十里至泸沽驿，七十里至谿龙驿，六十里至泸川驿，六十里至禄马驿^②，一百二十里至阿用驿，七十里至白水驿，七十里至巴松驿，七十里至大龙驿，五十里至会川驿。

一路马驿，一百二驿六千七百一十五里。

会同馆至成都府锦官驿，八十二驿四千七百九十五里。锦官驿至会川驿，二十驿一千九百二十里。

本司至本卫一千九百二十里。

一至雅州其路有二：

一路水马驿，九十八驿七千七百五十五里。

水驿：龙江驿至成都府锦官驿，九十四驿七千二百六十五里；

马驿：锦官驿至本州雅安驿，四驿四百九十里。

一路马驿，会同馆至本州雅安驿，八十七驿五千二百八十五里。

本司至本州四百九十里。

一至黎州其路有二：

一路水马驿，一百一驿八千七十五里。

水驿：龙江驿至成都府锦官驿，九十四驿七千二百六十五里；

马驿：锦官驿至本州沈黎驿，七驿八百一十里。

①"沈"，底本作"况"，据《寰宇志》卷七〇、《纪要》卷七三改。
②"禄"，底本作"沪"，据《寰宇志》卷七〇、《清统志》卷四〇一改。

一路马驿,会同馆至本州沈黎驿,九十驿五千六百五里。

本司至本州八百一十里。

一至邛部州其路有二:

一路水马驿,一百五驿八千四百九十五里。

水驿:龙江驿至成都府锦官驿,九十四驿七千二百六十五里;

马驿:锦官驿至本州龙泉驿,十一驿一千二百三十里。

一路马驿,会同馆至本州龙泉驿,九十四驿六千二十五里。

本司至本州一千二百二十里。

一至建昌卫其路有二:

一路水马驿,一百八驿八千七百四十五里。

水驿:龙江驿至成都府锦官驿,九十四驿七千二百六十五里;

马驿:锦官驿至本卫泸川驿,十四驿一千四百八十里。

一路马驿,会同馆至本卫泸川驿,九十七驿六千二百七十五里。

本司至本卫一千四百八十里。

一至松潘军民指挥司其路有二:

一路水马驿,一百四驿八千三十里。

水驿:龙江驿至成都府锦官驿,九十四驿七千二百六十五里;

马驿:十驿七百六十五里。

锦官驿六十里至永康驿,一百里至太平驿,八十里至寒水驿,七十里至安远驿,六十里至护林驿,七十里至长宁驿,六十五里至来远驿,六十里至镇平驿,一百里至归化驿,一百里至古松驿。

一路马驿,九十二驿五千五百六十里。

会同馆至成都府锦官驿,八十二驿四千七百九十五里。锦官驿至本司古松驿,十驿七百六十五里。

布政司至本司七百六十里。

一至茂州卫其路有二:

一路水马驿,九十九驿七千六百三十五里。

水驿:龙江驿至成都府锦官驿,九十四驿七千二百六十五里;

马驿:锦官驿至本卫护林驿,五驿三百七十里。

一路马驿,会同馆至本卫护林驿,八十七驿五千一百六十五里。

本司至本卫三百七十里。

一至叠溪千户所<small>其路有二</small>:

一路水马驿,一百一驿七千七百七十里。

水驿:龙江驿至成都府锦官驿,九十四驿七千二百六十五里;

马驿:锦官驿至本所来远驿,七驿五百五里。

一路马驿,会同馆至本所来远驿,八十九驿五千三百里。

本司至本所五百五里。

一至龙州<small>其路有二</small>:

一路水马驿,一百五驿八千二百九十五里。

水驿:龙江驿至成都府锦官驿,九十四驿七千二百六十五里;

马驿:十一驿一千三十里。

锦官驿<small>六十里</small>至新都驿,<small>六十里</small>至广汉驿,<small>六十里</small>至古店驿,<small>六十里</small>至五城驿,<small>六十里</small>至建宁驿,<small>六十里</small>至皇华驿,<small>一百八十里</small>至金山驿,<small>一百八十里</small>至西宁驿,<small>九十里</small>至武平驿,<small>一百里</small>至古城驿,<small>一百二十里</small>至小溪驿。

一路马驿,八十一驿五千一百五里。

会同馆至潼川州皇华驿,七十六驿四千四百三十五里。皇华驿至本州小溪驿,五驿六百七十里。

本司至本州一千三十里。

一至青州千户所<small>其路有二</small>:

一路水马驿,一百四驿八千一百七十五里。

水驿:龙江驿至成都府锦官驿,九十四驿七千二百六十五里;

马驿:锦官驿至本所古城驿,十驿九百一十里。

一路马驿,会同馆至本所古城驿,八十驿四千九百八十五里。

本司至本所九百一十里。

一至乌撒卫

水马驿八十八驿六千六百七十里。

水驿:七十四驿五千八百九十五里。

龙江驿至泸州泸川驿,七十驿五千六百五十里。泸川驿至大洲驿,四驿二百四十五里。

泸川驿七十里至纳溪驿,七十里至渠坝驿,七十里至大洲驿,六十五里至①。

马驿:十四驿七百七十五里。

峡口驿三十五里至江门驿,五十里至江安驿②,五十里至永宁驿,五十里至普市驿,五十里至摩泥驿,五十里至赤水驿,四十里至新添驿,六十里至阿水驿,六十里至层台驿,七十里至毕节驿,七十里至周泥驿③,七十里至黑章驿④,五十里至瓦甸驿,七十里至乌撒在城驿。

本司至本卫六百三十里。

一至永宁卫

水马驿七十七驿六千三十里。

水驿:龙江驿至大洲驿,七十四驿五千八百九十五里;

马驿:峡口驿至永宁驿,三驿一百三十五里。

本卫至本司八百五十里。

一至赤水卫

水马驿八十驿六千一百八十里。

①"大洲驿六十五里至",底本原文如此,疑有误。
②"江",底本作"永",据《寰宇志》卷六八、《明会典》卷一四六改。
③"泥",底本作"况",据嘉靖《贵州通志》卷五、《纪要》卷一二三改。
④"黑章驿",又称黑章站。嘉靖《贵州通志》卷五、《纪要》卷七三作"黑张驿"。

水驿:龙江驿至大洲驿,七十四驿五千八百九十五里;

马驿:峡口驿至赤水驿,六驿二百八十五里。

本卫至本司六百七十里。

一至层台卫

水马驿八十三驿六千三百四十里。

水驿:龙江驿至大洲驿,七十四驿五千八百九十五里;

马驿:峡口驿至层台驿,九驿四百四十五里。

本卫至本司五百一十里。

一至毕节卫

水马驿八十四驿六千四百一十里。

水驿:龙江驿至大洲驿,七十四驿五千八百九十五里;

马驿:峡口驿至毕节卫,十驿五百一十五里。

本卫至本司四百四十里。

一至普安卫其路有二:

一路水马驿,六十三驿五千三百六十五里。

水驿:四十九驿四千四百六十五里。

龙江驿至岳州府城陵矶驿,二十四驿二千二百二十五里。城陵矶驿至思南偏桥驿,二十五驿二千二百四十里。

城陵驿一百二十里至明山古楼驿,一百八十里至武口驿,一百二十里至河池驿,一百二十里至府河驿,一百二十里至渌萝驿,一百六十里至高都驿,六十里至清浪驿,六十里至北溶驿,六十里至马底驿,六十里至武溪驿,一百二十里至辰阳驿,一百二十里至江口驿,六十里至铜安驿,八十里至安江驿,八十里至洪江驿,六十里至卢黔驿,七十里至竹寨驿,七十里至盈口驿,一百里至沅水驿,八十里至便溪驿,六十里至晃州驿,八十里至平溪驿,八十里至清浪驿,六十里至镇远驿,六十里至偏桥驿。

马驿:十四驿九百里。

偏桥驿六十里至兴隆驿，七十里至清平驿，六十里至平越驿，七十里至新添驿，六十里至龙里驿，六十里至贵州驿，六十里至威清驿，五十里至平坝驿，六十里至普利驿，七十里至安庄驿，七十里至查城驿，六十里至尾洒驿，七十里至新兴驿，八十里至相满驿。

一路马驿，七十五驿四千七百七十里。

会同馆至偏桥驿，六十一驿三千九百二十里。

会同馆六十里至江宁镇驿，六十里至采石驿，三十五里至当利驿，六十里至祁门驿，六十里至界首驿，六十里至高井驿，六十里至西山驿，六十里至坡冈驿，六十里至派河驿，六十里至三沟驿，六十里至梅心驿，六十里至吕亭驿，六十里至陶冲驿，六十里至清口驿，六十里至小池驿，六十里至枫香驿，六十里至停前驿，六十里至双城驿，六十里至广济驿，六十里至西河驿，六十里至浠川驿，六十里至巴水驿，六十里至临皋驿，六十里至李坪驿，六十里至阳逻驿，六十里至将台驿，六十里至东湖驿，六十里至山陂驿，六十里至咸宁驿，六十里至官塘驿，六十里至凤山驿，六十里至港口驿，六十里至长安驿，六十里至云溪驿，六十里至岳阳驿，九十里至临江驿，六十里至华容驿，六十里至通化驿，六十里至民安驿，六十里至屠陵驿，六十里至孙黄驿，七十里至顺林驿，六十里至兰江驿，六十里至清化驿，七十五里至大龙驿，六十里至和丰驿，八十里至桃源驿，六十里至郑家驿，六十里至新店驿，八十里至界亭驿，六十里至马底驿，六十里至辰阳驿，七十五里至船溪驿，六十里至山塘驿，七十里至怀化驿，八十里至罗旧驿，八十里至冷水驿，一百里至平溪驿，八十里至清浪驿①，六十里至镇远驿，六十里至偏桥驿。

偏桥驿至本卫相满驿十四驿。七十里至②

贵州都司至本卫五百二十里。

一至兴隆卫其路有二：

---

① "浪"，底本作"源"，据《明会典》卷一四五、《路程图记》卷七之二改。
② "七十里至"，疑为衍文。

一路水马驿,五十驿四千五百二十五里。

水驿:龙江驿至偏桥驿,四十九驿四千四百六十五里;

马驿:偏桥驿至兴隆驿,一驿六十里。

一路马驿,会同馆至兴隆驿,六十二驿二千九百三十里。

本卫至本都司三百二十里。

一至清平卫其路有二:

一路水马驿,五十一驿四千五百九十五里。

水驿:龙江驿至偏桥驿,四十九驿四千四百六十五里;

马驿:偏桥驿至清平驿,二驿一百三十里。

一路马驿,会同馆至清平驿,六十三驿四千里。

本卫至本都司二百五十里。

一至平越卫其路有二:

一路水马驿,五十二驿四千六百五十五里。

水驿:龙江驿至偏桥驿,四十九驿四千四百六十五里;

马驿:偏桥驿至平越驿,三驿一百九十里。

一路马驿,会同馆至平越驿,六十四驿四千六百里。

本卫至本都司一百九十里。

一至新添卫其路有二:

一路水马驿,五十三驿四千七百二十五里。

水驿:龙江驿至偏桥驿,四十九驿四千四百六十五里;

马驿:偏桥驿至新添驿,四驿二百六十里。

一路马驿,会同馆至新添驿,六十五驿四千一百三十里。

本卫至本都司一百二十里。

一至龙里卫其路有二:

一路水马驿,五十四驿四千七百八十五里。

水驿:龙江驿至偏桥驿,四十九驿四千四百六十五里;

马驿：偏桥驿至龙里驿，五驿三百二十里。

一路马驿，会同馆至龙里驿，六十六驿四千一百九十里。

本卫至本都司六十里。

一至贵州都司_{其路有二：}

一路水马驿，五十五驿四千八百四十五里。

水驿：龙江驿至偏桥驿，四十九驿四千四百六十五里；

马驿：偏桥驿至贵州驿，六驿三百八十里。

一路马驿，会同馆至贵州驿，六十七驿四千二百五十里。

一至威清卫_{其路有二：}

一路水马驿，五十六驿四千九百五里。

水驿：龙江驿至偏桥驿，四十九驿四千四百六十五里；

马驿：偏桥驿至威清驿，七驿四百四十里。

一路马驿，会同馆至威清驿，六十八驿四千五百一十里。

都司至本卫六十里。

一至平坝卫_{其路有二：}

一路水马驿，五十七驿四千九百五十五里。

水驿：龙江驿至偏桥驿，四十九驿四千四百六十五里；

马驿：偏桥驿至平坝驿，八驿四百九十里。

一路马驿，会同馆至平坝驿，六十九驿四千三百六十里。

都司至本卫一百一十里。

一至普定卫_{其路有二：}

一路水马驿，五十八驿五千一十五里。

水驿：龙江驿至偏桥驿，四十九驿四千四百六十五里；

马驿：偏桥驿至普利驿，九驿五百五十里。

一路马驿，会同馆至普利驿，七十驿四千四百二十里。

都司至本卫一百七十里。

一至安庄卫_{其路有二}：

一路水马驿，五十九驿五千八十五里。

水驿：龙江驿至偏桥驿，四十九驿四千四百六十五里；

马驿：偏桥驿至安庄驿，十驿六百二十里^①。

一路马驿，会同馆至安庄驿，七十一驿四千四百九十里。

都司至本卫三百四十里。

一至安南卫_{其路有二}：

一路水马驿，六十一驿五千二百一十五里。

水驿：龙江驿至偏桥驿，四十九驿四千四百六十五里；

马驿：偏桥驿至尾洒驿，十二驿七百五十里。

一路马驿，会同馆至尾洒驿，七十三驿四千六百二十里。

都司至本卫三百七十里。

一至都匀卫_{其路有二}：

一路水马驿，五十三驿四千七百一十五里。

水驿：龙江驿至偏桥驿，四十九驿四千四百六十五里；

马驿：偏桥驿至本卫来远驿，四驿二百五十里。

偏桥驿六十里至兴隆驿，六十里至清平驿，六十里至都镇驿，七十里至来远驿。

一路马驿，六十五驿四千一百二十里。

会同馆至偏桥驿，六十一驿三千八百七十里。偏桥驿至本卫来远驿，四驿二百五十里。

本卫至本都司四百五十里。

一至播州宣慰司_{其路有二}：

一路水马驿，五十五驿四千九百五里。

---

① "六百二十里"，底本作"六百四十里"，据上下文意改。

水驿：龙江驿至偏桥驿，四十九驿四千四百六十五里；

马驿：六驿四百四十里。

偏桥驿八十里至白泥驿，七十里至岑黄驿，七十里至鳌溪驿，七十里至湄潭驿，七十里至仁水驿，八十里至湘川驿。

一路马驿，会同馆至湘川驿，六十七驿四千三百一十里。

本司至布政司二千九百八十里。

京城至辽东都司

一至本司^① 其路有二

一路水马驿，至本司四十驿三千四十五里。

水驿：八驿五百一十里。

龙江驿九十里至龙潭驿，五十五里至仪真驿，七十五里至广陵驿，四十五里至邵伯驿，六十五里至孟城驿，六十里至界首驿，六十里至安平驿，六十里至

马驿：三十二驿二千五百三十五里。

淮阴驿六十里至金城驿，六十里至崇河驿，六十里至潼阳驿，七十里至兴国庄驿，六十里至上庄驿，七十里至东海驿，六十里至王坊驿，七十里至傅疃驿，六十里至白石山驿，六十里至桃林驿，六十里至东关驿，六十里至药沟驿，六十里至密水驿，七十五里至丘西驿，七十里至苏村驿^②，六十里至城南驿，六十里至朱桥驿，六十里至黄山馆驿^③，六十里至龙山驿，六十里至蓬莱

---

① "一至本司"，底本无此四字，为点校者所加。
② "村"，底本作"林"，据《寰宇志》卷七六、《路程图记》卷二之十三改。
③ "黄山馆驿"，又名黄山驿。"馆"，底本、《明会典》卷一四五同，《寰宇志》卷七六、《路程图记》卷二之十三无。

驿,过海,约五百里至旅顺口驿,六十里至木场驿,六十里至金州在城驿①,九十里至字兰驿,九十里至复州在城驿,九十里至五十寨驿,六十里至熊岳驿,九十里至盖州在城驿,六十里至耀州驿,六十里至海州在城驿,六十里至鞍山驿,六十里至辽阳驿。

一路马驿,六十四驿三千九百四十四里。

会同馆三十五里至江东驿,十五里至江淮驿,三十五里至东葛城驿,六十里至滁阳驿,六十里至大柳树驿,四十五里至池河驿,六十里至红心驿,六十里至濠梁驿,六十里至王庄驿,五十五里至固镇驿,四十五里至大店驿,四十五里至夹沟驿,五十里至桃山驿,五十五里至黄河东岸驿,九十九里至利国监驿,七十里至临城驿,七十里至滕阳驿,四十五里至界河驿,五十里至邾城驿,六十里至昌平驿,一百里至新桥驿,六十里至东原驿,六十里至旧县驿,六十里至铜城驿,六十里至茌山驿,七十里至鱼丘驿,八十里至太平驿,七十里至安德驿,六十里至东光驿,五十五里至阜城驿,八十里至乐城驿,六十五里至瀛海驿,六十里至鄚城驿,七十里至归义驿,六十里至汾水驿,六十里至涿鹿驿,六十里至固节驿,七十里至燕台驿,七十里至潞河驿,五十里至夏店驿,八十里至公乐驿,五十里至渔阳驿,六十里至阳樊驿,六十里至永济驿②,六十里至义丰驿,七十里至七家岭驿,七十里至滦河驿,六十里至芦峰口驿,六十里至榆关驿,六十里至迁安驿,六十里至高岭驿,六十里至沙河驿,六十里至东关驿,六十里至曹家庄驿,六十里至连山驿③,六十里至杏山驿④,六十里至小凌河驿,八十里至十三山驿,七十里至板桥驿,七十里至沙岭驿,八十里至牛家庄驿,九十里至海州在城驿,九十里至鞍山驿,六十里至辽阳驿。

---

① "金州在城驿",又名金州驿。"在城",底本作"城南",据《寰宇志》卷七七、《辽东志》卷二改。以下径改。

② "济",底本作"河",据《寰宇志》卷一、《路程图记》卷三之一改。

③ "连山驿",底本"山"下衍"岛"字,据《辽东志》卷二、《全辽志》卷一删。

④ "山",底本作"儿",据《辽东志》卷二、《全辽志》卷一改。

一至金州卫_{其路有二}：

一路水马驿，龙江驿至本卫在城驿，三十一驿二千三百八十五里^①。

水驿：八驿五百一十里；

马驿：二十三驿一千八百七十五里^②。

一路马驿，六十九驿四千三百三十四里。

会同馆至海州在城驿，六十二驿三千七百九十四里。海州在城驿至本卫在城驿，七驿五百四十里。

海州在城驿_{六十里}至耀州驿，_{六十里}至盖州在城驿，_{九十里}至熊岳驿，_{六十里}至五十寨驿，_{九十里}至复州在城驿，_{九十里}至孛兰驿，_{九十里}至本卫在城驿。

本司至本卫六百六十里。

一至复州卫_{其路有二}：

一路水马驿，龙江驿至本卫在城驿，三十三驿二千五百六十五里^③。

水驿：八驿五百一十里；

马驿：二十五驿二千五十五里。

一路马驿，会同馆至本卫在城驿，六十七驿四千一百五十四里。

本卫至本司四百八十里。

一至海州卫_{其路有二}：

一路水马驿，龙江驿至本卫在城驿，三十八驿二千九百二十五里。

水驿：八驿五百一十里；

---

① "二千三百八十五里"，底本作"二千二百八十五里"，据上下文意改。

② "一千八百七十五里"，底本作"一千八百一十五里"，据上下文意改。

③ "三十三驿"，底本作"二十一驿"，据上下文意改。

马驿:三十驿二千四百一十五里。

一路马驿,会同馆至本卫在城驿,六十二驿三千七百九十四里。

本卫至本司一百二十里。

一至**盖州卫**_{其路有二}:

一路水马驿,龙江驿至本卫在城驿,三十六驿二千八百五里。

水驿:八驿五百一十里;

马驿:二十八驿二千二百九十五里。

一路马驿,会同馆至本卫在城驿,六十四驿三千九百一十四里。

本卫至本司二百四十里。

一至**三万卫**_{其路有二}:

一路水马驿,四十四驿三千四百五里。

水驿:八驿五百一十里;

马驿:三十六驿二千八百九十五里。

龙江驿至辽阳驿,四十驿三千四十五里。辽阳驿至本卫,马驿四驿三百六十里。

辽阳驿_{一百二十里}至**沈阳中卫在城驿**^①,_{六十里}至**懿路驿**,_{九十里}至**嚣州驿**,_{九十里}至**三万卫在城驿**。

一路马驿,会同馆至本卫在城驿,六十八驿四千三百四里。

本司至本卫三百六十里。

一至**沈阳中卫**_{其路有二}:

一路水马驿,龙江驿至本卫在城驿,四十一驿三千一百六十五里。

水驿:八驿五百一十里;

马驿:三十三驿二千六百五十五里^②。

---

① "在城",底本作"城南",据《辽东志》卷二、《全辽志》卷一改。

② "三十三驿二千六百五十五里",底本作"二十三驿一千六百五十五里",据上下文意改。

一路马驿,会同馆至本卫在城驿,六十五驿四千六十四里。

本司至本卫一百二十里。

一至义州卫其路有二:

一路水马驿,四十三驿三千三百三十五里。

水驿:八驿五百一十里;

马驿:三十五驿二千八百二十五里。

龙江驿至海州在城驿,三十八驿二千九百二十五里^①。海州在城驿至本卫,五驿四百一十里。

海州在城驿九十里至朱家庄驿,八十里至沙岭驿,七十里至板桥驿,七十里至十三山驿,一百里至义州卫。

一路马驿,会同馆至十三山驿,本驿一百里至本卫,五十九驿三千四百八十四里。

本司至本卫五百三十里。

一至广宁卫其路有二:

一路水马驿,四十三驿三千三百五里。

水驿:八驿五百一十里;

马驿:三十五驿二千七百九十五里。

龙江驿至十三山驿,四十二驿三千二百三十五里。十三山驿至本卫板桥驿,一驿七十里。

一路马驿,会同馆至板桥驿,五十九驿三千四百五十四里。

本司至本卫二百六十里。

京城至云南布政司

一至本司其路有二:

① "三十八驿",底本作"三十九驿",据上下文意改。

一路水马驿,九十六驿七千二百一十里^①。

水驿:七十四驿五千八百九十五里^②。

龙江驿六十里至大胜驿,九十里至采石驿,一百二十里至橹港驿,一百二十里至荻港驿,一百二十里至大通驿,八十里至池口驿,六十里至李阳河驿,八十里至同安驿,一百二十里至雷港驿,一百二十里至龙城驿,一百二十里至湖口驿,六十里至浔阳驿,一百五十里至富池驿,六十里至蕲阳驿,一百二十里至兰溪驿,六十里至齐安驿,一百二十里至阳逻驿,六十里至夏口驿,六十里至金口驿,九十里至簰洲驿,九十里至鱼山驿,七十里至石头口驿,一百二十里至鸭栏驿,六十里至城陵矶驿,九十里至黄家驿,六十里至塔市驿,六十里至调弦驿,六十里至石首驿,六十里至柳子驿,六十里至孱陵驿,六十里至荆南驿,六十里至流店驿,六十里至潘家溪驿,九十五里至白羊驿,一百五里至凤栖驿,九十里至黄牛驿,六十里至屈溪驿,六十里至建平驿,七十里至巴山驿,七十里至万流驿,九十里至高唐驿,一百里至永宁驿,七十里至安平驿,六十里至南陀驿,一百里至五峰驿,九十里至巴阳驿,六十里至周溪驿,六十里至集贤驿,八十里至瀼途驿,六十里至漕溪驿,一百二十里至云根驿,八十里至花林驿,一百一十里至鄷陵驿,八十里至东青驿,六十里至涪陵驿,六十里至蔺市驿,七十里至龙溪驿,一百里至木洞驿,一百二十里至朝天驿,一百里至鱼洞驿,六十里至铜罐驿,六十里至鳛溪驿,六十里至石羊驿,七十里至石门驿,六十里至汉东驿,六十里至史坝驿,六十里至牛脑驿,六十里至神山驿,七十五里至黄舣驿,六十里至泸川驿,七十里至纳溪驿,七十里至渠坝驿,七十里至大洲驿,三十五里至

马驿:二十二驿一千三百一十五里。

峡口驿三十五里至江门驿,五十里至永安驿,五十里至永宁驿,五十里至普市驿,五十里至摩泥驿,五十里至赤水驿,四十里至新添驿,六十里至阿永

---

① "七千二百一十里",底本作"七千二百里",据上下文意改。

② "五千八百九十五里",底本作"五千八百八十五里",据上下文意改。

驿,六十里至层台驿,七十里至毕节驿,七十里至周泥驿,七十里至黑章驿,五十里至瓦店驿,七十里至倘塘驿,六十里至霑益驿,六十里至炎方驿,六十里至松林驿,七十里至南宁驿,四十里至马龙驿,八十里至易龙驿,七十里至杨林驿,一百里至滇阳驿。

一路马驿,八十三驿五千二百七十五里。

会同馆六十里至江宁镇驿,六十里至采石驿,三十五里至当利驿,六十里至祁门驿,六十里至界首驿,六十里至高井驿,六十里至西山驿,六十里至坡冈驿,六十里至派河驿,六十里至三沟驿,六十里至梅心驿,六十里至吕亭驿,六十里至陶冲驿,六十里至青口驿,六十里至小池驿,六十里至枫香驿,六十里至停前驿,六十里至双城驿,六十里至广济驿,六十里至西河驿,六十里至浠川驿,六十里至巴水驿,六十里至临皋驿,六十里至李坪驿,六十里至阳逻驿,六十里至将台驿,六十里至东湖驿,六十里至山陂驿,六十里至咸宁驿,六十里至官塘驿,六十里至凤山驿,六十里至港口驿,六十里至长安驿,六十里至云溪驿,六十里至岳阳驿,九十里至临江驿,六十里至华容驿,六十里至通化驿,六十里至民安驿,六十里至孱陵驿,六十里至孙黄驿,七十里至顺林驿,六十里至兰江驿,六十里至清化驿,七十五里至大龙驿,六十里至和丰驿,八十里至桃源驿,六十里至郑家驿,六十里至新店驿,八十里至界亭驿,六十里至马底驿,六十里至辰阳驿,七十五里至船溪驿,七十五里至山塘驿,七十里至怀化驿,八十里至罗旧驿,八十里至冷水驿,一百里至平溪驿,八十里至清浪驿,六十里至镇远驿,六十里至偏桥驿,六十里至兴隆驿,六十里至清平驿,六十里至平越驿,六十里至新添驿,七十里至龙里驿,六十里至贵州驿,六十里至威清驿,五十里至平坝驿,六十里至普利驿,六十里至安庄驿,七十里至查城驿,六十里至尾洒驿,七十里至新兴驿,八十里至相满驿,六十里至亦资孔驿,七十里至平夷驿,四十里至白水驿,六十里至南宁驿,四十里至马龙驿,八十里至易龙驿,七十里至杨林驿,一百里至滇阳驿。

一至曲靖军民府其路有二:

一路水马驿，九十二驿六千九百二十里。

水驿：龙江驿至大洲驿，七十四驿五千八百九十五里；

马驿：峡口驿至本府南宁驿，十八驿一千二十五里。

一路马驿，会同馆至本府南宁驿，七十九驿四千九百八十五里。

本府至本司二百九十里。

一至金齿卫军民指挥使司_{其路有二：}

一路水马驿，一百一十三驿八千三百七十五里。

水驿：龙江驿至大洲驿，七十四驿五千八百九十五里；

马驿：三十九驿二千四百八十里。

峡口驿至云南滇阳驿，二十二驿一千三百一十五里。滇阳驿至本司金齿驿，十七驿一千一百六十五里。

滇阳驿六十里至安宁驿，五十五里至禄脿驿，八十里至禄丰驿，六十五里至舍资驿，五十五里至路甸驿，六十里至峨崀驿，四十里至吕合驿，六十五里至沙桥驿，七十五里至普溯驿，六十里至云南驿，七十五里至定西岭驿，七十五里至德胜关驿，八十里至漾备驿，六十里至打牛坪驿，九十里至永平驿，六十里至沙木和驿^①，一百十里至金齿驿。

一路马驿，一百驿六千四百四十里。

会同馆至云南滇阳驿，八十三驿五千二百七十五里。滇阳驿至金齿驿，十七驿一千一百六十五里。

本司至本卫一千一百六十五里。

一至楚雄府_{其路有二：}

一路水马驿，一百二驿七千五百八十五里^②。

水驿：龙江驿至大洲驿，七十四驿五千八百九十五里；

①“沙木和”，底本作“纱水河”，《寰宇志》卷一一三作“沙木河”，据《明会典》卷一四六、《纪要》卷一一八改。

②“一百二驿”，底本作“三十三驿”，据上下文意改。

马驿：峡口驿至本府峨崀驿，二十八驿一千六百九十里。

本司至本府三百七十五里。

一路马驿，会同馆至本府峨崀驿，八十九驿五千六百五十里。

一至大理府其路有二：

一路水马驿，一百九驿八千五里。

水驿：龙江驿至大洲驿，七十四驿五千八百九十五里；

马驿：峡口驿至德胜关驿，本驿三十里至本府洱西驿，三十五驿二千一百一十里。

一路马驿，会同馆至本府洱西驿，九十六驿六千七十里。

本司至本府七百九十五里。

一至景东府其路有二：

一路水马驿，一百一十一驿八千一百八十里。

水驿：龙江驿至大洲驿，七十四驿五千八百九十五里；

马驿：三十七驿二千二百八十五里。

峡口驿至大理府定西岭驿，三十三驿二千五里。定西岭驿至本府景东驿，四驿二百八十里。

定西岭驿一百里至定边驿，六十里至新田驿，六十里至板桥驿，六十里至景东驿。

一路马驿，会同馆至本府景东驿，九十八驿六千二百四十五里。

本司至本府九百七十里。

一至武定府其路有二：

一路水马驿，九十九驿七千三百九十里。

水驿：龙江驿至大洲驿，七十四驿五千八百九十五里；

马驿：二十五驿一千四百九十五里。

峡口驿至云南滇阳驿，二十二驿一千三百一十五里。滇阳驿至本府和曲驿，三驿一百八十里。

滇阳驿七十里至利浪驿，八十里至和曲驿，三十里至本府。

一路马驿，会同馆至本府和曲驿，八十六驿五千四百五十五里。

本司至本府一百八十里。

一至姚安府其路有二：

一路水马驿，一百四驿七千七百七十五里。

水驿：龙江驿至大洲驿，七十四驿五千八百九十五里；

马驿：三十驿一千八百八十里。

峡口驿至楚雄府吕合驿，二十九驿一千七百三十里。吕合驿至本府蜻蛉驿，一驿一百五十里。

一路马驿，会同馆至本府蜻蛉驿，九十一驿五千八百四十里。

本司至本府五百六十五里。

一至鹤庆府其路有二：

一路水马驿，一百一十二驿八千二百五十五里。

水驿：龙江驿至泸州大洲驿，七十四驿五千八百九十五里；

马驿：三十八驿二千三百六十里。

峡口驿至大理府洱西驿，三十五驿二千一百一十。洱西驿至本府在城驿，三驿二百五十里。

洱西驿六十里至邓川驿，七十里至观音山驿，一百二十里至本府在城驿。

一路马驿，会同馆至本府在城驿，九十九驿六千三百二十里。

本司至本府一千四十五里。

一至丽江府其路有二：

一路水马驿，一百一十三驿八千三百二十五里。

水驿：龙江驿至泸州大洲驿，七十四驿五千八百九十五里；

马驿：三十九驿二千四百三十里。

峡口驿至鹤庆府在城驿，三十八驿二千三百六十里。鹤庆府在城驿至本府在城驿，一驿七十里。

一路马驿,会同馆至本府在城驿,一百驿六千二百九十里。

本司至本府一千一百一十五里。

一至元江府_{其路有二:}

一路水马驿,一百三驿七千八百四十里。

水驿:龙江驿至泸州大洲驿,七十四驿五千八百九十五里;

马驿:二十九驿一千九百四十五里。

峡口驿至云南滇阳驿,二十二驿一千三百一十五里。滇阳驿至本府,七驿六百三十里。

滇阳驿_{八十里至}晋宁驿,_{七十里至}江川驿,_{七十里至}通海驿,_{五十里至}曲江驿,_{八十里至}新建驿,_{八十里至}宝秀驿,_{二百里至}因远驿。

一路马驿,会同馆至本府因远驿,九十驿五千九百五里。

本司至本府六百三十里。

一至临安府_{其路有二:}

一路水马驿,一百一驿七千五百六十里。

水驿:龙江驿至泸州大洲驿,七十四驿五千八百九十五里;

马驿:峡口驿至本府新建驿,二十七驿一千六百六十五里①。

一路马驿,会同馆至本府新建驿,八十八驿五千六百二十五里。

本司至本府三百五十里。

一至广南府_{其路有二:}

一路水马驿,一百七驿八千里②。

水驿:龙江驿至泸州大洲驿,七十四驿五千八百九十五里;

马驿:三十三驿二千一百五里。

峡口驿至云南滇阳驿,二十二驿一千三百一十五里。滇阳驿至本府在城驿,十一驿七百九十里。

①"一千六百六十五里",底本作"六千六百六十五里",据上下文意改。
②"一百七驿八千里","里"字原脱,据本书体例补。

滇阳驿七十里至**汤池驿**,七十里至**和摩驿**,八十里至**普陀驿**,九十里至**广西府在城驿**,八十里至**英武驿**,六十里至**福德驿**,六十里至**发助驿**,六十里至**高来驿**,六十里至**花架驿**,一百里至**速为驿**,六十里至**本府在城驿**。

一路马驿,会同馆至本府在城驿,九十四驿六千六十五里。

本司至本府七百九十里。

一至广西府其路有二:

一路水马驿,一百驿七千五百二十里。

水驿:龙江驿至泸州大洲驿,七十四驿五千八百九十五里;

马驿:峡口驿至广西在城驿,二十六驿一千六百二十五里。

一路马驿,会同馆至本府在城驿,八十七驿五千五百八十五里。

本司至本府三百三十里。